Créer des expériences de formation engageantes

PENSEZ L'AVANT, ACCOMPAGNEZ L'APRÈS, INSPIREZ VOS APPRENANTS !

COLLECTION
FORMATION

ANNE-MARIE CUINIER

Créer des expériences de formation engageantes

PENSEZ L'AVANT, ACCOMPAGNEZ
L'APRÈS, INSPIREZ VOS APPRENANTS !

DUNOD

Éditorial : Marie-Cécile de Vienne et Garance Moëllo
Fabrication : Marine Stephan
Couverture : Florie Bauduin
Maquette intérieure : Marion Alfano
Mise en page : Nord Compo

NOUS NOUS ENGAGEONS EN FAVEUR DE L'ENVIRONNEMENT :

PAPIER CERTIFIÉ

Nos livres sont imprimés sur des papiers certifiés pour réduire notre impact sur l'environnement.

Le format de nos ouvrages est pensé afin d'optimiser l'utilisation du papier.

Depuis plus de 30 ans, nous imprimons 70 % de nos livres en France et 25 % en Europe et nous mettons tout en œuvre pour augmenter cet engagement auprès des imprimeurs français.

Nous limitons l'utilisation du plastique sur nos ouvrages (film sur les couvertures et les livres).

11 rue Paul Bert, 92240 Malakoff
www.dunod.com

ISBN 978-2-10-086062-3

Remerciements

Je tiens à remercier toutes celles et tous ceux qui m'ont soutenue et inspirée pour cette première édition.

Tout d'abord, merci à Marie-Cécile de Vienne, mon éditrice, et Dunod pour leur confiance.

Merci chaleureusement à Alexandre Duarte, ma bonne étoile.

Je tiens également à remercier tous les professionnels de la formation que j'ai pu rencontrer et qui m'ont permis de m'inspirer et d'enrichir les idées que je vous présente dans cet ouvrage et plus particulièrement tous les invités qui ont participé amicalement à mon podcast *Learn & Enjoy*.

Merci également à Éric Baille, Yoann Delaby et Artem Ismailov pour leur témoignage.

Merci à Mehdi Beauxis-Aussalet et Dorothée Gey pour leur relecture bienveillante et leurs remarques pertinentes, et aussi à Hassina El Kechai pour son aide.

Et enfin, merci à Rémi, mon époux, et Éline, ma fille, pour leur soutien durant cette belle aventure qu'est la rédaction d'un premier livre.

Sommaire

Introduction

Avez-vous déjà entendu ces remarques : « presque personne n'a suivi la formation », « les managers ne l'ont pas relayée », « encore une formation obligatoire ! » ? Oui ? Comment faire pour inverser la tendance ? D'autant plus que les apprenants ont de moins en moins de temps pour se former.

Selon un rapport de Dell et « L'Institut pour le Futur »[1] 85 % des emplois de 2030 n'existent pas encore. Pour accompagner la transformation des entreprises et les aider à renforcer leurs compétences, la formation est aujourd'hui devenue primordiale pour s'adapter à un environnement professionnel en constante évolution. L'enjeu est donc de donner l'envie de se former, de créer un déclencheur pour s'engager dans une formation, de se différencier dans un univers de plus en plus concurrentiel. Devant les nombreuses offres de formation, il est de plus en plus difficile de capter l'attention des collaborateurs. Informer qu'une nouvelle formation est disponible ne suffit plus, il est nécessaire de susciter l'intérêt ! Le marketing peut être une solution pour rendre vos dispositifs de formation plus attractifs, renforcer l'adhésion des collaborateurs et améliorer l'engagement des apprenants, facteur clé de réussite d'une formation.

D'après une étude de *Towards Maturity*, le marketing est reconnu à 80 % comme étant une compétence clé pour les équipes formation, mais seulement 40 % de ces responsables déclarent avoir cette compétence au sein de leur équipe. Et si le marketing devenait un outil incontournable pour les services formation ?

Dans cet ouvrage, je vous propose de découvrir une méthode que j'ai conçue en développant mes propres outils, inspirés des techniques du marketing, pour susciter la curiosité des apprenants et les accompagner

1. Institute for the Future for Dell Technologies, « Realizing 2030: Future of Work Report », 2019.

pendant tout le parcours de formation afin de mieux les engager. Elle repose sur six étapes détaillées tout au long de l'ouvrage :

1. la signature pédagogique qui est un préalable pour aligner la vision de l'entreprise et l'offre de formation ;
2. le learner persona, un outil permettant de comprendre les apprenants et leurs besoins ;
3. le mix learning pour créer une expérience apprenant à 360° ;
4. comment soutenir l'engagement grâce à un parcours apprenant inspirant ;
5. la construction d'un plan de communication efficace ;
6. comment mesurer l'engagement des apprenants.

Tout au long de votre lecture, vous retrouverez des QR Code qui renverront à certains épisodes de mon podcast *Learn & Enjoy* pour illustrer les propos et aller plus loin.

J'espère que cet ouvrage vous inspirera et vous donnera des clés pour créer des expériences de formation engageantes.

Bonne lecture !

Avant de commencer, voici un test vous permettant d'évaluer vos connaissances des bonnes pratiques inspirées du marketing à appliquer à la formation. Vous pourrez le retrouver également en annexe de cet ouvrage.

La signature pédagogique

Executive summary

- **La signature pédagogique est une approche qui transpose le concept marketing de la signature relationnelle à la formation.** Elle vise à offrir aux apprenants une expérience mémorable en exprimant les valeurs, l'identité et l'ADN de la marque de formation.
- **Elle permet de définir la stratégie de formation** et de se distinguer, en définissant un positionnement unique.
- **Elle engage tous les acteurs de la formation dans un projet commun** et favorise la réflexion collective sur les engagements envers les apprenants, les valeurs à véhiculer, et les comportements à adopter pour respecter ces engagements. Cette démarche collaborative renforce la cohésion des équipes et favorise l'innovation.

QU'EST-CE QU'UNE SIGNATURE PÉDAGOGIQUE ?

Pour une marque, la signature relationnelle est le reflet de sa « personnalité » globale, que ce soit un produit ou un service, et sert d'interface avec son public. Lorsque nous entrons dans un *Apple Store*, dans un magasin *Ikea* ou dans un café *Starbucks*, nous sommes plongés dans le même univers et accueillis de la même façon, quelle que soit leur localisation à travers le monde. Dans chacun de ces points de vente, on retrouve les valeurs, l'identité et l'ADN de la marque pour faire vivre aux clients une expérience mémorable.

La signature relationnelle est la manière d'exprimer les valeurs d'une marque à travers des attentions particulières, des gestes, des mots, pour apporter une expérience sur-mesure et faire la différence dans l'esprit du client afin de nouer une véritable relation émotionnelle. L'objectif final étant la satisfaction du client.

La signature pédagogique reprend la même idée. Il s'agit d'appliquer le principe de la signature relationnelle à la formation, et ainsi définir quelle expérience les apprenants vont vivre pendant celle-ci : comment vont-ils être accueillis, comment vont-ils apprendre, quelles vont être les postures des formateurs, des tuteurs, etc. Elle apporte également une cohérence dans le fond et la forme des formations, pour une meilleure expérience apprenant. Elle se matérialise dans un guide de référence qui formalise la vision d'un service formation ou d'un organisme de formation, et ses actions, au service de ceux qui vont l'utiliser au quotidien.

Quels sont les avantages d'une signature pédagogique ?

Avant tout, la signature pédagogique va permettre d'exprimer la stratégie du service de formation ou de l'organisme de formation en définissant son positionnement et sa différenciation. Comment les apprenants vont-ils apprendre, par exemple : avec une approche par projet, en privilégiant les nouvelles technologies comme la réalité virtuelle ou des techniques faisant appel au jeu, en privilégiant des petits groupes d'apprenants, etc.

> ***Exemples :*** *L'école 42 et Algosup*
>
> L'*école 42*, une école d'informatique, qui prépare ses étudiants aux métiers du développement informatique et du code, avec sa célèbre piscine, ou la pédagogie innovante à la carte et par projets de l'école *Algosup*, une école supérieure d'informatique qui forme en anglais des créatrices et créateurs de logiciels.

Elle permet également de mobiliser l'ensemble des acteurs autour d'un même projet. Il s'agit de réfléchir ensemble sur le sens des engagements à communiquer aux apprenants. Qu'évoquent la qualité, l'écoute, la bienveillance, etc. ?

Puis, une fois le sens donné, quels sont les comportements à associer à ces engagements pour respecter la promesse faite aux apprenants ? Cette démarche collaborative est l'occasion de multiplier les échanges, de remettre en question des pratiques devenues inefficaces, d'innover en intégrant les nouvelles attentes et pratiques des apprenants et de savoir comment y répondre concrètement. Réfléchir ensemble, au sein d'un service formation ou d'un organisme de formation, à une signature pédagogique peut permettre de fédérer les équipes autour d'un socle commun de valeurs inspirantes et motivantes.

Enfin, la signature pédagogique permet de se démarquer en tant qu'organisme de formation dans un marché de plus en plus concurrentiel ou de renforcer sa visibilité au sein de l'entreprise en tant que service formation. Elle permet d'envoyer des signaux distinctifs forts à vos apprenants cibles, afin qu'ils vous choisissent, et de définir l'expérience apprenant que vous souhaitez proposer pour qu'ils puissent se projeter.

LES PILIERS DE LA SIGNATURE PÉDAGOGIQUE

La signature pédagogique va incarner votre vision de la formation, vos convictions sur les méthodes d'apprentissage et représenter vos choix stratégiques en matière de développement des compétences des apprenants. Ce document va servir de guide, de feuille de route, et fournir les principes directeurs qui permettront d'aligner les parties prenantes intervenant dans un parcours de formation. Il permettra d'assurer une cohérence entre les actions menées, les messages et l'image renvoyée.

Les quatre piliers de la signature pédagogique sont : la vision, la démarche pédagogique, les comportements clés et l'identité.

La vision

La base de la signature pédagogique est avant tout la vision, votre promesse pour les apprenants : quelle expérience d'apprentissage allez-vous leur proposer, quelle va être votre culture apprenante ? Pour vous aider à définir votre vision, vous pouvez vous poser les questions suivantes.

- Quelle est mon identité, qu'est-ce qui me caractérise en tant que service formation ou organisme de formation ou école ?
- Quelles sont mes convictions sur l'apprentissage ?

- Quelle est ma raison d'être, quelle est mon ambition ?
- Quelle est ma valeur ajoutée, quels sont mes domaines de prédilection ?
- Comment j'imagine l'évolution de mon marché, et quelle place je souhaite y occuper ?
- Quelles sont mes valeurs prioritaires ?

> ***Exemple :*** *Newday Training*
>
> Il s'agit d'un organisme de formation qui propose des formations aux soft skills : « *Accompagner le développement de la personne par des formations humaines et à distance, et un suivi individualisé et ludique* ».

Une fois votre vision définie, il s'agira de l'incarner au travers de toutes les facettes de l'expérience d'apprentissage au quotidien : les formations proposées, les activités, les évaluations, les lieux, les équipements. Tout doit être cohérent et aligné.

La démarche pédagogique

La démarche pédagogique permet la réalisation de la promesse faite aux apprenants à travers la vision en reprenant les approches pédagogiques et les pratiques que vous allez mobiliser, vos choix pour tout ce qui concerne les outils et les techniques pédagogiques. Elle définit ainsi un axe pédagogique qui vous est propre.

> ***Exemple :*** Poly Sud Formation
>
> On retrouve dans la signature pédagogique de *Poly Sud Formation*, un centre de formation dédié aux métiers de l'entreprise, trois points qui définissent leur démarche pédagogique :
> - une personnalisation des formations selon l'expérience des apprenants et axée sur la résolution de problèmes avec des activités pratiques ;

- une pédagogie participative et ludique avec du social learning[1], des entraînements et des serious games[2] ;
- une pédagogie positive avec le droit à l'erreur, la valorisation des interventions des participants et l'adaptation du déroulé pédagogique au fil de la formation.

Les comportements clés

Après avoir défini vos techniques pédagogiques, vous allez spécifier les comportements clés des différentes parties prenantes comme les formateurs ou les managers. Pour cela, il est important de bien connaître les différentes étapes et les éléments clés du parcours de l'apprenant, pour définir quelles émotions vous souhaitez lui faire vivre à chaque étape et comment matérialiser ces émotions.

Par exemple, vous souhaitez que vos apprenants se sentent pris en charge individuellement dès le début de la formation. Quel va alors être le processus d'*onboarding* des apprenants : vont-ils recevoir un mail quelques jours avant le début de la formation présentant tout son déroulé ? Y aura-t-il une vidéo d'accueil s'il s'agit d'une formation en ligne, ou un événement de lancement comme une classe virtuelle ? Dans le cas d'une formation en présentiel, comment l'accueil va-t-il concrètement se dérouler (avec un café et des gâteaux, en remettant un kit de bienvenue composé d'un carnet et d'un stylo…) ? On peut également préciser les outils qui seront utilisés pour garantir l'homogénéité entre tous les formateurs comme l'utilisation de *Zoom*[3] pour les classes virtuelles, de *Wooclap*[4] pour les activités interactives.

On peut aussi intégrer des notions d'accompagnement et de suivi en limitant la taille des groupes à un certain nombre d'apprenants. Ou aller encore plus loin, comme le fait la signature pédagogique de l'école Hexagone, une école informatique, qui inclut des actions optionnelles

1. Le social learning est une modalité d'apprentissage fondée sur le partage d'informations et la collaboration.
2. Un serious game (ou jeu sérieux) est un jeu dont l'objectif est pédagogique.
3. *Zoom* est un outil professionnel de visioconférence.
4. *Wooclap* est un outil en ligne qui permet de créer différents types de questionnaires comme des QCM, des sondages, des appariements, etc.

pour le bien-être de ses étudiants comme des séances d'ostéopathie pour corriger la posture face à l'ordinateur ou des séances de yoga pour se recentrer sur soi-même et terminer chaque semaine sur une note positive.

En détaillant les attitudes et comportements de toute l'équipe, les comportements clés vont permettre de garder une homogénéité. Le mail d'informations, les échanges sur un forum, l'accueil des apprenants, malgré des formats très différents, doivent tous contenir des éléments communs.

L'identité des formations

Un dernier élément important de la signature pédagogique est la définition du style des formations, c'est-à-dire tout ce qui va immédiatement être perceptible par les apprenants comme le graphisme, le verbal ou les éléments sonores. C'est l'identité des formations. Par exemple, le graphisme va-t-il être très riche ou à l'inverse épuré, utilisera-t-on des illustrations dessinées ou plutôt des photos, quels seront les codes couleurs, les typographies utilisées, quel style sera à privilégier pour l'audio.

Il s'agit de penser l'identité de votre formation comme si elle était un personnage.

- Quels sont ses traits de caractère : humoristique, sérieux, fiable, ou au contraire décontracté, décalé, informel, etc.
- Quel est son mode d'expression : poli, impertinent, avec un langage parlé ou plutôt soutenu... Va-t-il s'adresser aux apprenants en les tutoyant ou en les vouvoyant ?
- Quel est son look : plutôt tendance, créatif, coloré, classique, vintage, etc.
- Qu'aime-t-il lire, quelle musique aime-t-il écouter ?

Pour répondre à ces questions, gardez bien en tête à qui vous vous adressez. Il est important de penser l'identité de vos formations en fonction de vos apprenants. Cet élément doit guider vos choix.

L'identité graphique

L'identité graphique fait référence à l'ensemble des éléments visuels qui communique les valeurs, la personnalité et l'image de votre signature pédagogique. Les principaux éléments qui la composent généralement sont :

- **les couleurs**, importantes car elles peuvent évoquer des émotions, transmettre des messages et renforcer votre reconnaissance ;
- **la typographie** contribue également à l'identité graphique. Les polices utilisées doivent être cohérentes, refléter votre image et être facilement reconnaissables ;
- **les images et les visuels** : l'utilisation d'images, de photographies, d'illustrations ou de graphiques spécifiques peut contribuer à créer une esthétique visuelle cohérente et différenciante.

Le *tone of voice*

Le *tone of voice* est la manière dont vous allez communiquer avec vos apprenants. Il va refléter votre vision, votre personnalité et vos valeurs au travers du choix des mots. Il est votre identité verbale, complémentaire à votre identité graphique, qui va vous permettre de vous différencier et d'afficher votre personnalité unique. Il s'applique à tout ce qui concerne la formation, avant, pendant et après, que ce soit le contenu en lui-même, les différents supports de communication, les vidéos, les e-mails de bienvenue ou d'accompagnement envoyés aux apprenants, les messages dans les forums, l'animation des communautés, etc.

Les dimensions du **tone of voice** ***d'après*** **Nielsen Norman Group**

Nielsen Norman Group[5] propose quatre dimensions pour définir le *tone of voice*.

- **Amusant** ou **sérieux** : allez-vous adopter un ton humoristique, décalé ou aborder le sujet de manière sérieuse ? Certains sujets se prêtent mieux aux traits d'humour. Évitez par exemple ce levier pour une formation sur un sujet comme les risques psychosociaux.
- **Formel** ou **détendu** : le style d'écriture est-il formel ? Informel ? Décontracté ? Il est tout à fait possible d'être sérieux avec un ton informel pour établir une connexion plus personnelle. Tout dépend de votre cible d'apprenants. Par exemple, des apprenants de la génération Z préféreront sans doute un style plus décontracté.
- **Respectueux** ou **irrévérencieux** : allez-vous aborder les sujets avec une approche courtoise et polie ? Ou plutôt de manière impertinente pour avoir plus d'impact ?
- **Enthousiaste** ou **factuel** : le style d'écriture va-t-il privilégier un ton enjoué et chaleureux ou une approche plus sobre et neutre, selon les émotions que vous souhaitez véhiculer ?

Un choix tranché entre chaque extrême n'est pas obligatoire, il est possible de mixer les dimensions, comme un ton relativement sérieux avec quelques notes d'humour.

---

5. Le groupe *Nielsen Norman* est une société américaine de conseil en interface utilisateur et en expérience utilisateur.

C'EST À VOUS !

Définir les caractéristiques de votre *tone of voice*

Pour définir les caractéristiques de votre *tone of voice*, voici deux exercices inspirés des travaux de *Nielsen Norman Group* et d'un article de *Map & Fire*[6]. Positionnez-vous tout d'abord sur chacune des quatre dimensions, en cochant les cases qui correspondent le plus aux émotions que vous souhaitez transmettre :

DIMENSIONS DU *TONE OF VOICE*								
	-3	-2	-1	0	+1	+2	+3	
Amusant								**Sérieux**
Formel								**Détendu**
Respectueux								**Irrévérencieux**
Enthousiaste								**Factuel**

Puis, affinez votre positionnement en choisissant dans la liste ci-dessous trois mots qui décrivent bien le ton que vous souhaitez pour vos formations et trois mots qui ne sont pas alignés avec votre vision :

MOTS-CLÉS DU *TONE OF VOICE*			
Autoritaire	Bienveillance	Joyeux	Décontracté
Grossier	Conservateur	Conversationnel	Sec
Nerveux	Enthousiaste	Formel	Franc
Amical	Amusant	Drôle	Humoristique
Informatif	Irrévérencieux	Factuel	Nostalgique
Passionné	Enjoué	Professionnel	Provocant
Décalé	Respectueux	Romantique	Sarcastique
Sérieux	Intelligent	Sans complexe	Sympathique
Branché	Fiable	Optimiste	Vif

6. *Map & Fire* est une agence de *branding* américaine.

Trois mots qui décrivent votre *tone of voice* :

- O 1er mot : ________
- O 2e mot : ________
- O 3e mot : ________

Trois mots à éviter :

- O 1er mot : ________
- O 2e mot : ________
- O 3e mot : ________

Ensuite rédigez votre ligne éditoriale, c'est-à-dire :

- O les grandes caractéristiques et qualificatifs de votre *tone of voice*, à garder en tête en permanence et à transposer dans l'ensemble des contenus de formation ;
- O les règles d'usage (utilisation, déclinaison sur chaque support, etc.) ;
- O les *do's & dont's*, qui peuvent s'enrichir au fur et à mesure des retours des apprenants et des formateurs (vocabulaire à privilégier, termes à éviter, etc.) ;
- O des exemples concrets.

Cette cohérence éditoriale est essentielle si vos formations sont dispensées par des formateurs internes et des formateurs externes, pour garder une homogénéité dans leurs interventions.

À ce stade, vous aurez les quatre éléments qui constituent votre signature pédagogique : la vision, la démarche pédagogique, les comportements clés et l'identité.

Les quatre piliers de la signature pédagogique

CONSTRUIRE CONCRÈTEMENT SA SIGNATURE PÉDAGOGIQUE

La construction de votre signature pédagogique est un travail d'équipe impliquant toutes les parties prenantes : les formateurs internes ou externes, les équipes formation, des apprenants, des services transverses comme la communication, le marketing, etc. ; pour laisser à chacun l'occasion d'exprimer ses idées et pour vous assurer que chaque personne est alignée sur une vision commune de votre projet.

Audit de l'existant

Pour commencer, analysez ce qui existe déjà dans votre structure, que ce soit un service formation ou un organisme de formation, et essayez de comprendre ce qui marche bien et ce qui marche moins bien. Pour cela, vous pouvez mener des interviews avec des formateurs et des apprenants. Prévoyez de 30 minutes à 1 heure pour chaque entretien et une dizaine d'entretiens au minimum. Vous pouvez compléter ces entretiens avec une enquête quantitative reprenant les mêmes sujets abordés pendant ceux-ci mais avec des questions fermées pour obtenir des réponses quantifiables. Pour cette enquête, je vous conseille d'utiliser *Google Form*[7] ou *Typeform*[8]. Si vous en avez la possibilité, vous pouvez aussi organiser un ou deux *focus groups*, c'est-à-dire des groupes de discussion, pour approfondir certains sujets.

FICHE PRATIQUE

Quelles questions poser pour votre audit ?

Les forces

- Quels sont les points forts de votre structure ?
- Qu'est-ce qui rend unique votre structure ?
- Qu'est-ce qui vous différencie clairement de vos concurrents ?
- Qu'apprécient les apprenants lorsqu'ils suivent vos formations ?
- Quelles sont les pratiques pédagogiques qui marchent le mieux ? Pourquoi ?

Les faiblesses

- Quelle est la faiblesse de votre structure ?
- Quels sont les inconvénients de votre offre de formation ?
- Qu'aimeraient trouver vos apprenants dans vos formations et qu'ils ne trouvent pas aujourd'hui ?

↓

7. *Google Forms* est une application de formulaire qui permet de créer des sondages, des enquêtes en ligne, des questionnaires, et des quiz.
8. *Typeform* est un logiciel de création de formulaires.

- Quelles sont les pratiques pédagogiques qui marchent le moins bien ? Pourquoi ?
- Selon vous, de quelle expertise pédagogique, techniques ou outils manquez-vous ?

Les opportunités

- Qu'est-ce qui peut représenter une opportunité ?
- Quels sont les nouveaux besoins de vos apprenants ?
- Quelles nouvelles offres de formation pourriez-vous développer ?
- Quelles émotions souhaitez-vous faire vivre à vos apprenants ?
- Quelles sont les lacunes de vos concurrents ?

Les menaces

- Quelles sont les menaces qui pèsent sur votre structure ?
- Quelles tendances observez-vous chez vos concurrents ?
- Que font vos concurrents et pas vous ?
- Quels sont les obstacles et les freins que vous rencontrez dans le déploiement de vos formations ?
- Qu'est-ce qui pourrait impacter votre structure ?

Conclusion

Votre structure en 3 mots :

– ____________

– ____________

– ____________

Pour synthétiser les données de cette analyse, organisez les informations recueillies en vous aidant d'une matrice SWOT : *Strengths* (forces), *Weaknesses* (faiblesses), *Opportunities* (opportunités), *Threats* (menaces). Cette matrice se présente sous la forme d'un tableau composé de quatre cases permettant d'identifier quels sont les points forts et les points faibles d'une entreprise ou d'un service.

Exemple : *Diagnostic imaginé pour un service de formation*

FORCES	FAIBLESSES
• Une bonne connaissance de l'organisation de l'entreprise et des métiers	• Manque de compétences digitales au sein du service formation • Peu de temps consacré à la veille sur les outils et tendances • Service formation perçu comme un gestionnaire de formations et non un concepteur
OPPORTUNITÉS	**MENACES**
• La prise de conscience par la direction de l'importance de développer une organisation apprenante • Outils de travail collaboratifs existants	• Une partie des collaborateurs ne suit que les formations réglementaires et risque l'obsolescence des compétences. • Les services opérationnels développent leurs propres supports de formation sans passer par le service formation

Définition de la vision

Pour définir la vision, vous pouvez organiser un atelier de brainstorming pour réfléchir collectivement à votre promesse.

FICHE PRATIQUE

Définir sa vision

La durée de cet atelier de brainstorming est d'environ 30 minutes à 1 heure.

Tout d'abord, commencez par présenter les objectifs de l'atelier. Sur une feuille qui sera visible pendant tout l'atelier, écrivez quelques questions pour guider la réflexion afin qu'elles soient gardées à l'esprit pendant tout l'atelier :

- Quelle est ma raison d'être, quelle est mon ambition ?
- Quelle est ma valeur ajoutée, quels sont mes domaines de prédilection ?
- Quelles sont nos valeurs prioritaires ?

Ensuite, sur un tableau blanc ou un paper board, chaque participant note ses idées sur la vision. Elles sont simplement posées sans être jugées ni discutées.

1 idée = 1 post-it

Lorsque les participants ont noté toutes leurs idées, regroupez les post-it par similarités.

Une fois que l'ensemble du groupe est d'accord sur les regroupements, essayez de nommer les catégories.

Faites ensuite voter chaque participant pour élire des idées à inclure dans la vision. Chaque participant dispose de 3 voix, matérialisées par trois gommettes, et les répartit comme bon lui semble : d'une à trois gommettes par idée, même sur les idées qu'il a émises.

Avant de voter, partagez en groupe les critères qui vont guider les choix, comme la pertinence, l'ambition, la motivation, le coup de cœur, etc.

Puis, sélectionnez les 2, 3 ou 4 idées les plus votées.

Pour conclure, lancez une discussion collective pour rédiger une première approche de la vision d'après ces idées.

Réfléchir aux comportements clés

« Il faut toujours viser la lune,
car même en cas d'échec on atterrit dans les étoiles. »
Oscar Wilde

À présent, vous allez faire réfléchir les formateurs, les ingénieurs pédagogiques, les chefs de projet formation, les concepteurs... Toutes les parties prenantes, sur leurs attentes et l'expérience apprenant qu'ils souhaiteraient vivre en tant qu'apprenants. Cette phase est celle où les idées fusent pour disposer d'un maximum de possibilités.

Pour cela, vous pouvez mettre en place des ateliers collaboratifs en utilisant des outils comme *Klaxoon*[9] ou *Mural*[10] et en vous appuyant sur la méthode « 1, 2, 4, tous », une variante du brainstorming. Cette méthode permet de générer des idées en faisant réfléchir les membres d'une équipe de manière progressive : d'abord individuellement, puis en groupes de plus en plus grands. Plusieurs ateliers seront souvent nécessaires.

Au début de chaque atelier, rappelez la vision définie précédemment.

Puis, pendant les ateliers, interrogez le groupe sur :

1. les modalités pédagogiques à proposer ;
2. les émotions à faire vivre aux apprenants ;
3. les actions qui pourront permettre de faire vivre ces émotions ;
4. l'image qu'ils souhaitent renvoyer ;
5. l'identité des formations comme si elle était un personnage.

Pour commencer chaque participant réfléchit seul à des idées. Puis, proposez aux participants de se mettre en binôme et d'échanger sur leurs idées respectives pour les approfondir et en générer de nouvelles sur le principe : 1 + 1 = 3. Les idées proposées par chaque binôme sont ensuite partagées et développées dans de petits groupes de quatre participants.

9. *Klaxoon* est une suite d'outils en ligne et collaboratifs pour dynamiser les réunions en équipe.
10. *Mural* est un outil collaboratif virtuel.

Enfin, le groupe au complet échange sur ces idées et les classe grâce à une matrice de priorisation. Cette matrice va permettre de hiérarchiser rapidement les idées pour décider celles qui seront retenues.

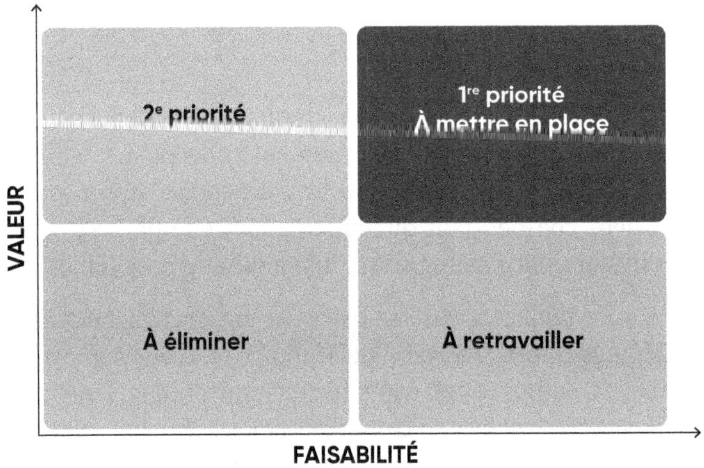

La matrice de priorisation des idées

Vous pouvez ensuite compléter ce travail avec des benchmarks et des recueils de bonnes pratiques. Ne vous limitez pas au seul secteur de la formation, allez explorer d'autres secteurs d'activité pour vous inspirer.

Conseil : *Instaurer une atmosphère favorable à l'idéation*

Pour mettre les participants à l'aise, vous pouvez débuter par un *ice-breaker*[11] puis présenter les conditions de réussite de l'atelier.
Comme pour une séance de brainstorming, l'atelier d'idéation repose sur quatre règles :

- ne pas critiquer les idées des autres participants ;
- s'exprimer librement sans autocensure ;
- privilégier la quantité d'idées ;
- rebondir sur les idées des autres.

Vous pouvez afficher ces règles afin que chacun les garde à l'esprit tout au long de l'exercice.

11. Les *icebreakers* ou brise-glaces sont des outils qui ont pour but de « casser la glace » entre les participants.

Formaliser la signature pédagogique

Avec tout le matériel et les informations récoltées au préalable, vous allez maintenant pouvoir rédiger votre démarche pédagogique, spécifier les moments clés de votre parcours apprenant avec les comportements qui y répondent et définir l'identité de vos formations. Ces éléments seront ensuite rassemblés dans un document qui matérialisera votre signature pédagogique. Ce sera votre guide méthodologique, inspiré des brands books.

> ***Définition :*** *Le brand book*
>
> Un brand book, ou guide de marque, est un document qui établit les directives pour la représentation visuelle et l'utilisation d'une marque. C'est un outil essentiel garantissant la cohérence et la reconnaissance de la marque dans toutes ses communications. Il contient généralement : le logo et les éléments graphiques, le ton éditorial, l'histoire et les valeurs de la marque, des exemples de visuels.

Pour préparer le support de présentation de votre signature pédagogique, préférez un format en cohérence avec son contenu. Par exemple, si votre démarche pédagogique est centrée sur une approche innovante, alors innovez dans votre présentation. N'hésitez pas à utiliser un outil comme *Prezi*[12] ou *Genially*[13] pour créer un bel univers reflétant votre vision. Vous pourrez y agréger différents contenus comme du texte, des vidéos, des exemples de visuels, des liens vers des ressources pour illustrer votre signature pédagogique, des templates pour les e-mails ou les newsletters. Afin d'illustrer votre *book*, insérez-y des verbatims issus des ateliers ou des interviews. Pour que votre guide soit compris de tous, soyez simple et direct. Il doit ressembler à un mode d'emploi clair, à la fois inspirationnel et opérationnel.

12. *Prezi* est un outil bureautique de présentation accessible en ligne et interactif.
13. *Genially* est un outil en ligne de création de contenus interactifs et animés.

Certaines entreprises complètent l'identité visuelle de leur signature pédagogique avec un logo propre à leur service formation ou à leur université d'entreprise. Cela permet de clarifier leur positionnement, d'être identifié rapidement et de séduire les apprenants. Un logo peut être composé d'un symbole graphique, d'une représentation stylisée d'un objet ou d'une image, d'un emblème ou d'une typographie spécifique.

CAS D'ENTREPRISES

Le brand book de *H&M*

« Nous croyons en une mode durable, dans un style durable.
Nous croyons en une industrie de la mode juste, inclusive et diversifiée. »

Un brand book très complet dont la première partie est dédiée à la stratégie de l'entreprise (historique, positionnement, vision, clients, concurrents).
La seconde partie se concentre sur la marque (logo, charte graphique, typographie). On y retrouve également les forces et les faiblesses de la marque, et ses mots-clés : moderne, durable, basique.

Le brand book de *Ben & Jerry's*

« Nous ne parlons pas aux enfants ; nous parlons aux adultes
(et à leurs enfants intérieurs). »

Un brand book aux couleurs de la marque (bleu et vert) et au ton ludique qui reprend le *tone of voice*, l'ensemble de la charte graphique, le style des photographies et des illustrations, et des exemples concrets de mise en situation comme des packagings, des affiches ou des posts sur *Instagram*.
Ce brand book reflète bien la personnalité de la marque, légère et décalée : « If it's not fun, why do it » ? Woody, la vache emblématique de la marque, y est également présentée dans différentes mises en scènes pour illustrer les *Do's and Dont's*.

C'EST À VOUS !

Les quatre piliers de votre signature pédagogique

Complétez le tableau ci-dessous avec les quatre éléments qui constituent votre signature pédagogique.

LA VISION	LA DÉMARCHE PÉDAGOGIQUE
LES COMPORTEMENTS CLÉS	**L'IDENTITÉ DES FORMATIONS**
Actions avant la formation :	Traits de caractère :
Actions pendant la formation :	Identité graphique :
Actions après la formation :	Identite verbale :
Outils utilisés :	*Do's & Dont's* : vocabulaire à privilégier, termes à éviter, etc.

Diffuser et faire vivre la signature pédagogique

Une fois finalisée, il est temps de passer à la diffusion de votre signature pédagogique en interne. Toutes les parties prenantes d'un projet de formation doivent pouvoir y accéder facilement. Le but étant que la signature pédagogique devienne leur bible : elle les guidera non seulement dans leurs prises de décision, mais aussi dans leurs actions. Il existe plusieurs façons de partager votre signature pédagogique :

- sous un format pdf à envoyer facilement par mail ;
- sous un format interactif type *Genially* ou *Prezi* avec un lien à partager ;
- sous un format site web qui pourra être facilement accessible et regroupera tous les éléments à la façon des brand centers.

Définition : *Le brand center*

Un brand center est une plateforme Internet mettant à disposition des collaborateurs d'une entreprise les ressources et les informations d'une marque : ressources visuelles, directives, exemples pour comprendre comment appliquer les principes de la marque, etc.

3 brand centers pour s'inspirer (liens en sitographie) :

- le brand center du Groupe La Poste ;
- le brand center de Total Énergies ;
- le brand center du Groupe ADP.

Ces plateformes centralisent tous les éléments clés de la marque, tels que les logos, les polices, les couleurs, les images, les vidéos, l'identité sonore, ... au même endroit. On peut également y trouver des templates prêts à l'emploi. Elles simplifient l'accès à ces ressources pour les collaborateurs de l'entreprise, les partenaires, les fournisseurs, et toute personne impliquée dans la création de contenus ou de communications liés à la marque. Elles permettent ainsi de garantir une cohérence à travers toutes les communications, qu'il s'agisse de campagnes publicitaires, de supports marketing, de présentations, ou d'autres canaux.

Assurez-vous que les personnes qui ont besoin de consulter votre signature pédagogique puissent y avoir accès facilement. Anticipez toutes les questions possibles : à la fin de votre guide, réservez une section pour y inclure toutes les réponses aux questions les plus souvent posées, à la manière des foires aux questions. N'oubliez pas également de mentionner une adresse de contact et un interlocuteur, si vos utilisateurs ont des questions particulières. Cela pourrait vous éviter quelques mauvaises surprises.

Pour la diffusion, vous pouvez organiser des réunions d'information, proposer des formations sur votre signature pédagogique à vos formateurs, créer un événement de lancement. Si votre budget le permet, pensez à accompagner votre diffusion de supports de communication « promotionnels » : une signature pour les e-mails, des bandeaux sur l'intranet, une vidéo teasing... Puis, votre guide va être utilisé. Vous allez observer la façon dont les différents acteurs vont se l'approprier. En organisant régulièrement des réunions, avec les parties prenantes, dans une optique d'amélioration continue, vous vous rendrez compte de certains points que vous n'aviez pas mentionnés et vous allez réaliser des ajustements, proposer des évolutions. Vous mettrez régulièrement à jour votre guide, car une signature pédagogique n'est pas figée, elle vit.

5 clés de succès de votre signature pédagogique :

- Elle incarne la vision de votre service formation, ou de votre organisme de formation ;
- elle est élaborée collectivement ;
- elle est accessible facilement ;
- elle est inspirante et opérationnelle ;
- elle est évolutive et vivante.

L'ESSENTIEL

- Construire une signature pédagogique est une démarche à la fois stratégique et opérationnelle.
- Il s'agit de traduire très concrètement en actions votre vision et la promesse que vous faites à vos apprenants puis d'appliquer ces actions au quotidien.
- C'est aussi une manière de se différencier de la concurrence pour un organisme de formation, ou d'être visible en interne afin de garantir ainsi votre unicité.

TÉMOIGNAGE

Éric Baille, *cofondateur Adesias*

L'INTÉRÊT DE DÉVELOPPER SA PROPRE SIGNATURE POUR UN SERVICE FORMATION

Il y a encore quelques années, se former en présentiel au siège d'une entreprise était un privilège, symbole de la confiance que l'entreprise vous portait. Cela faisait peut-être de vous un des *young leaders* de demain, et ouvrait le champ des possibles à vos ambitions les plus enfouies. À cette époque, l'université d'entreprise avait parfois même une forme tangible et physique. Elle se trouvait dans un lieu emblématique dans lequel les savoirs de l'entreprise se transmettaient de leaders en leaders, de génération en génération.

Mais aujourd'hui, la donne a changé. Le Covid, la transformation digitale et plus globalement l'accélération de l'obsolescence des compétences ont permis de repenser ces formats élitistes pour revêtir une ambition beaucoup plus transversale et démocratique.

Cette ambition nouvelle a impliqué un changement de perception autour de la marque « université ». Si elle représentait jadis un Graal, un fantasme, une entité obscure à disposition de quelques *happy few* surdoués, elle doit à présent être accessible et visible par tous. Cela paraît évident, mais posez-vous la question : est-ce que vos collaborateurs connaissent tous l'existence de votre université d'entreprise ? Cette question peut paraître stupide mais elle amorce une réflexion plus profonde sur l'identité de votre marque.

Par exemple, Franck Gaillard, *Global Learning Director* chez *Alstom University* a fait le choix d'une approche impérialiste « en rassemblant toutes les formations, chaque moment d'apprentissage dans l'entreprise, sous une seule et même bannière. L'idée était de centraliser les initiatives de chaque fonction métier afin d'harmoniser les pratiques et d'en maximiser l'impact ». Ainsi, se former chez *Alstom* se fait auprès d'une entité identifiée et respecte des processus clairs et connus de tous. Nous avons eu la chance chez *Adesias* de collaborer avec *Alstom University* autour de l'écriture de leur plateforme de marque et la création d'une identité graphique propre à l'université. Sans jamais s'éloigner d'*Alstom*, l'université a fait le choix d'avancer comme une marque fille, au service de la stratégie du groupe et des collaborateurs.

Nous créons également les conditions pour que des relais locaux soutiennent le projet et en deviennent des prescripteurs. Chaque module de formation, chaque communication autour d'une formation, chaque intervention d'un dirigeant dans une formation doit venir s'inscrire dans un plan précis, qui permettra de rendre visible la marque « université » pour qu'elle trouve une place claire dans le dispositif global mis à disposition des apprenants au service de la mission de l'entreprise.

Clairement positionnée et identifiée, l'université peut alors porter tous les attributs d'une marque à part entière (mission, vision, valeur, promesse, personnalité, identité) qui saura séduire sa cible : l'apprenant.

Le learner persona

Executive summary

- **Pour améliorer les compétences et assimiler de nouvelles connaissances,** il est essentiel que la formation réponde aux attentes des apprenants.
- **Dans chaque entreprise on retrouve des profils différents et complémentaires.** Les caractéristiques de chaque collaborateur ont une influence sur leur façon d'apprendre et leurs attentes en matière de formation. Il est donc important de prendre en compte chaque profil individuellement afin de proposer à chacun un apprentissage adapté à ses besoins et préférences.
- **C'est cette prise en compte des besoins qui va permettre de mettre en place des actions** qui vont favoriser l'engagement des apprenants.

POURQUOI S'INTÉRESSER AUX APPRENANTS ?

En marketing, s'intéresser aux clients est la base de toute stratégie pour vendre un produit efficacement, car cela permet de comprendre leurs besoins et motivations, de personnaliser l'offre pour y répondre spécifiquement, et de créer ainsi une relation de confiance. Cette connaissance des clients permet également d'améliorer l'expérience globale d'achat proposée et de se démarquer de la concurrence en leur offrant une proposition de valeur unique et différenciée répondant à leurs besoins.

On peut considérer que **l'apprenant est un client de la formation** : il vient avec des demandes, des besoins et des attentes. Pour être « achetée », pour que la formation soit choisie et suivie, elle doit répondre aux besoins des apprenants. Si vous prenez en compte ces besoins, les apprenants s'engageront plus activement dans le parcours de formation, car celui-ci sera adapté à leurs préférences d'apprentissage, à leurs caractéristiques, à leur niveau de compétences, à leur expérience professionnelle, etc., ce qui conduira à un meilleur engagement et une meilleure satisfaction des apprenants. Tout comme un client est satisfait lorsqu'il achète un produit qui correspond exactement à ses besoins. Afin de répondre aux besoins des apprenants, il faut commencer par bien les connaître : ce qui les motive à apprendre, leurs objectifs, leur niveau de compétences actuelles, leurs frustrations, etc. Ne pas connaître ses apprenants va forcément réduire leur engagement, car vous ne saurez pas comment capter leur attention, susciter leur intérêt et communiquer avec des messages adaptés.

Prenons, par exemple, des commerciaux qui sont souvent sur la route, ils vont sans doute préférer une formation composée de modules courts disponibles sur mobile pour pouvoir la consulter n'importe où, ou un format audio pour être écouté pendant les temps de transport. Autre exemple, si votre parcours de formation est destiné à des salariés qui travaillent dans des métiers manuels et qui ont besoin de voir très concrètement les gestes techniques, dans ce cas, vous leur proposerez plutôt des séances pratiques avec un formateur.

Construire le profil type de votre apprenant va vous aider à répondre à ces questions, vous saurez alors comment capter son attention et développer son engagement en lui proposant un parcours de formation adapté à ses besoins. Ce profil type est ce qu'on appelle un persona.

QU'EST-CE QU'UN PERSONA ?

> ***Définition :*** *Le persona*
>
> Un persona est une personne imaginaire qui représente un utilisateur type au sein d'un groupe cible.
> Cette création fictive s'appuie sur des données démographiques, comportementales et psychologiques réelles des utilisateurs. L'objectif est de mieux comprendre les besoins, motivations et préférences de ce groupe cible spécifique afin d'élaborer des scénarios d'utilisation pour un produit ou un service, ainsi que de définir des stratégies de positionnement, de promotion ou de distribution.

Le terme « persona » est dérivé du mot latin « *personare* », qui signifie « parler à travers ». Dans le théâtre antique, il désignait le masque porté par les acteurs pour adopter l'apparence du personnage. La méthode des personas a été créée par Alan Cooper en 1999, pour la conception des logiciels. Aujourd'hui, c'est une technique de conception dédiée à l'optimisation de l'expérience utilisateur qui s'applique aux produits de grande consommation, aux services ou encore aux interfaces numériques.

« Dans les champs de la conception centrée sur l'utilisateur ou du marketing, un persona est une personne fictive dotée d'attributs et de caractéristiques sociales et psychologiques et qui représente un groupe cible. »

Alan Cooper, informaticien et designer américain, auteur de *The Inmates Are Running the Asylum* publié en 1999.

On utilise les personas dans les domaines de l'ergonomie, du marketing ou de l'informatique, par exemple. Cela permet aux concepteurs de changer de perspective, de se mettre à la place des utilisateurs et ainsi de mieux imaginer un produit ou un service et comment il devrait fonctionner. Les personas vont aider à la prise de décision dans la phase de conception pour définir quels seront les scénarios d'utilisation, les interactions, les fonctions utiles.

Pour mieux vous représenter le concept, voici l'exemple d'une fiche persona utilisée en marketing, appelé aussi buyer persona.

Cette fiche synthétique comporte plusieurs catégories comme la bio (prénom, nom, âge, ville...), les traits de personnalité, les objectifs, les freins, les compétences du personnage fictif. Grâce à ces informations, une entreprise pourra imaginer un service adapté à ses besoins, comme une newsletter qui lui présenterait chaque semaine un condensé d'articles créés par de jeunes créateurs, que Sophie pourra acheter en un clic.

Sophie

Âge : 28 ans

Métier : Designer

Ville : Paris

Formation :
École des Arts Décoratifs de Paris

Bio

Jeune active, Sophie vit dans la capitale et travaille dans une agence d'architecture d'intérieur.

Elle est passionnée par son travail, passe son temps libre entre lectures, visites d'expositions et cours de yoga.

Sophie adore faire du shopping pour découvrir de nouveaux créateurs, mais elle n'a pas le temps ni l'envie de passer du temps dans les transports pour trouver de nouvelles petites boutiques.

Objectifs

- Découvrir des petites boutiques de créateurs,
- se faire plaisir avec des produits uniques,
- faire du shopping sans perte de temps.

Freins

- Manque de temps pour aller dans les magasins,
- manque de temps pour se faire plaisir.

« L'art fait qu'une copie offre souvent plus de charme que la nature elle-même. »
Johann Winckelmann

Centres d'intérêts

- Art et design : recherche d'inspiration artistique en visitant des galeries d'art et des expositions.
- Bien-être : prendre soin d'elle-même en pratiquant le yoga.
- Réseaux sociaux : suivre des comptes inspirationnels sur Instagram.

Usages numériques

- Possède un smartphone,
- une tablette,
- et un ordinateur, avec une préférence pour la tablette.

Personnalité

Curieuse et dynamique, Sophie aime sortir de ses habitudes en alternant ses dynamiques de travail.

Assistant aux réunions sur les chantiers, réalisant des esquisses depuis chez elle ou à la bibliothèque, tout peut lui convenir, à condition de l'intéresser.

Exemple de fiche persona

Les avantages des personas :

- compréhension approfondie du public cible ;
- proposition de produits ou services adaptés ;
- personnalisation des messages et des canaux de communication ;
- meilleure satisfaction des clients.

Cette méthode appliquée lors de la conception d'une formation va vous permettre d'adopter le point de vue de l'apprenant pour mieux répondre à ses besoins. Connaître le profil de vos apprenants est important car bien connaître votre cible vous aidera à savoir quel contenu présenter et comment. Vous ne proposerez pas le même parcours de formation à un groupe de jeunes étudiants appartenant à la génération Z et à des personnes plus âgées n'étant pas à l'aise avec les outils digitaux. Il est important de bien prendre en compte le niveau de connaissances techniques et de compétences de vos apprenants pour concevoir une formation qui leur convienne et qui soit impactante et stimulante.

LE LEARNER PERSONA

On peut s'inspirer de la méthode des personas utilisée en marketing pour la transposer au secteur de la formation et ainsi définir des learner personas. Un learner persona est donc un personnage fictif qui représente un profil d'apprenant cible. Il est créé pour mieux comprendre les caractéristiques, les besoins, les motivations et les préférences des apprenants afin de concevoir des expériences d'apprentissage plus engageantes.

Trois étapes sont nécessaires pour définir ses personas :

1. aller à la rencontre des apprenants pour mieux les connaître et recueillir un maximum d'informations ;

2. analyser les données récoltées afin d'identifier des comportements similaires ;
3. synthétiser ces données dans des fiches persona.

Recueillir les informations

Cette étape consiste à recueillir un maximum d'informations sur les apprenants grâce à des enquêtes, des interviews, des recherches... Ces données doivent refléter au plus près la réalité de votre public cible. Cette démarche peut être longue mais elle vous permettra d'en apprendre énormément sur vos apprenants et vos learner personas refléteront ainsi beaucoup mieux la réalité ! Pour cela, différentes méthodes existent.

- **Entretiens qualitatifs** : il est possible de mener des entretiens qualitatifs en face-à-face auprès de 15 à 20 personnes. Pour guider l'entretien individuel, vous pouvez utiliser une grille qui servira de trame. Les questions doivent être assez ouvertes pour permettre à vos interviewés de s'exprimer, comme : Quelles compétences ou connaissances cherchez-vous à développer ? Quelles sont vos expériences d'apprentissage préférées jusqu'à présent, et pourquoi ? Qu'est-ce qui vous motive à continuer d'apprendre ?
- **Enquête quantitative** : elle reprend les mêmes sujets abordés que pendant les entretiens mais avec des questions fermées pour obtenir des réponses quantifiables. Vous demandez alors aux apprenants de répondre à un questionnaire en ligne ou par téléphone. Pour cette enquête, je vous conseille d'utiliser *Google Form* ou *Typeform*. Le temps de dépouillement et d'analyse d'une enquête quantitative sera plus rapide que pour des entretiens qualitatifs.
- **Focus group** : vous pouvez compléter vos entretiens et/ou votre enquête quantitative pour approfondir certains sujets en mettant en place un ou deux focus groups (ou groupe de discussion) avec un

échantillon de votre public cible. On recommande en général de ne pas dépasser sept personnes par focus group. Pendant 1 à 2 heures, vous allez alors échanger avec les participants pour comprendre qui ils sont, comment ils travaillent, quelles sont leurs motivations, leurs attentes, etc.

- **Observations ou étude ethnographique** : il est aussi possible de procéder à des observations directes en situation sur les postes de travail pour mieux comprendre les comportements des apprenants au quotidien. Il est conseillé de compléter ces observations par des entretiens qualitatifs.

Bien sûr, vous pouvez mixer ces méthodes dans le but d'obtenir un maximum d'informations sur votre apprenant idéal. L'objectif est d'obtenir des informations qui permettront de répondre aux besoins des futurs apprenants.

Les attributs du learner persona

Pour créer vos learner personas, je vous recommande d'identifier cinq grandes catégories principales, et bien sûr d'en ajouter d'autres si besoin en fonction de votre domaine et de ses spécificités.

- **Professionnel** : métier, statut, position dans l'entreprise, formations déjà suivies, niveau de connaissance du sujet de la formation que vous allez lui proposer...
- **Personnel** : situation familiale, âge, centres d'intérêt, livres préférés, série préférée...
- **Motivations pour suivre une formation** : obtenir un nouveau poste, acquérir une compétence en plus, obtenir une meilleure évaluation annuelle, optimiser son temps, etc.
- **Freins** : temps disponible, besoins d'accessibilité pour des personnes malvoyantes, malentendantes ou daltoniennes, maîtrise de la langue, temps de déplacements accepté pour des formations en présentiel...

- **Usages** : avec quels outils digitaux est-il le plus à l'aise, quels lieux sont possibles pour la formation, l'apprenant passe-t-il beaucoup de temps dans les transports, comment s'informe-t-il, etc.

Tout ce qui peut concerner de manière plus ou moins directe la formation est bon à prendre. Essayez également d'intégrer dans vos fiches de learner personas les caractéristiques des profils d'apprentissage et des profils de joueurs, pour que votre formation soit la plus adaptée à vos apprenants.

Focus sur les profils d'apprentissage

Nous apprenons tous différemment : certains apprenants retiennent mieux ce qu'ils ont vu, d'autres ce qu'ils ont entendu. Chaque apprenant est défini par son caractère et ses traits de personnalité qui vont conditionner sa manière de retenir l'information. Il est essentiel de prendre en compte ces éléments qui ont été catégorisés en sept profils d'apprentissage par Jean-François Michel, enseignant, formateur d'enseignants et conférencier, dans son ouvrage *Les sept profils d'apprentissage* paru en 2019.

Ces sept profils sont construits sur trois niveaux :

- le profil d'identité ;
- le profil de motivation ;
- le profil de compréhension.

Le premier niveau de profil d'apprentissage, le profil d'identité, concerne le comportement face à l'apprentissage. Jean-François Michel a identifié sept profils.

1. Le **perfectionniste** : il recherche la perfection et n'aime pas l'échec. Il veut que tout soit impeccable et peut se sentir découragé si les choses ne sont pas parfaites.
2. L'**intellectuel** : il est réservé et a soif de savoir. Il aime apprendre de nouvelles choses et approfondir ses connaissances.

3. Le **rebelle** : il se confronte à l'autorité, en remettant en question les règles établies et peut avoir du mal à se conformer aux attentes.
4. Le **dynamique** : il est actif dans son apprentissage et ne craint pas l'inconnu. Il est prêt à relever des défis et à expérimenter de nouvelles choses.
5. L'**aimable** : il aime faire plaisir, a besoin d'attention et de reconnaissance. Il est motivé par le soutien et l'approbation des autres.
6. L'**émotionnel** : c'est un créatif. Il réagit souvent de manière intense et passionnée et ses émotions peuvent influencer sa façon d'apprendre.
7. L'**enthousiaste** : il voit le positif en toute chose. Il a du mal avec la discipline et préfère se concentrer sur ce qui l'enthousiasme.

Chaque profil a des caractéristiques et des besoins différents.

Le deuxième niveau concerne les profils de motivation. Il existe quatre facteurs de motivation distincts.

1. « **Quelle utilité** ? » : à quoi les nouvelles connaissances vont-elles servir, seront-elles utiles ?
2. « **Vais-je apprendre** ? » : la formation va-t-elle permettre d'apprendre de nouvelles choses ?
3. « **Avec qui** ? » : comment sera le formateur, quelle sera sa façon d'être ?
4. « **Où ça se situe** ? » : comment cette formation s'intègre-t-elle dans ma progression, que va-t-elle m'apporter ?

Chaque apprenant peut être motivé par un ou plusieurs de ces facteurs, ce qui influence son envie d'apprendre.

Enfin, le troisième niveau est le profil de compréhension, c'est-à-dire la manière dont chaque personne mémorise le contenu. Il existe trois profils principaux[1].

1. Le **visuel** : il apprend par la vue, comme en lisant ou en regardant des vidéos.
2. L'**auditif** : il apprend par l'ouïe, comme en écoutant quelqu'un parler ou en écoutant des podcasts.
3. Le **kinesthésique** : il apprend par la pratique et préfère expérimenter afin de saisir le sens des concepts.

En comprenant ces différents profils d'apprentissage, vous pourrez améliorer l'expérience d'apprentissage des apprenants et favoriser leur engagement. Par exemple, pour le comportement, un profil enthousiaste aimera participer à des activités pratiques et interactives, tandis qu'un perfectionniste préférera aller au bout des choses et obtenir des résultats irréprochables. Pour la motivation, un profil « Quelle utilité ? » aura tendance à chercher ce que peut lui apporter concrètement la formation. Pour la compréhension, un apprenant visuel apprendra mieux avec des formats vidéo ou des infographies, un apprenant auditif avec des présentations orales ou des podcasts.

Lors de la conception des formations, il faut penser à diversifier les formats et les contenus, pour pouvoir répondre à un maximum de profils de compréhension : prévoir des contenus visuels, des contenus audio et des activités.

Le profil d'apprentissage d'une personne est donc composé de ces trois niveaux : compréhension, motivation et identité. Par exemple, un apprenant peut avoir le profil suivant :

« Visuel » + « Quelle utilité ? » + « Enthousiaste ».

Et les combinaisons sont nombreuses !

1. Aucune étude scientifique n'a encore réussi à prouver l'utilité des styles d'apprentissage appelés VAK (visuel, auditif, kinesthésique).

Focus sur les profils de joueurs

La typologie de Bartle, également connue sous le nom de « classification des joueurs de Bartle », est un modèle créé par Richard Bartle en 1996 pour catégoriser les joueurs de jeux en ligne en fonction de leurs motivations et de leurs comportements dans ces jeux.

Cette typologie est intéressante car elle permet de mieux connaître ce qui va animer et motiver vos apprenants pendant un parcours de formation.

Bartle a défini quatre profils :

1. Les **accomplisseurs** (ou *achievers*) aiment accomplir des objectifs, gagner des récompenses et obtenir des succès. Ils sont motivés par la progression, l'accumulation de points, et l'achèvement de défis. Selon Bartle, environ 10 % des joueurs sont du type *achiever*.
2. Les **explorateurs** (ou *explorers*) sont curieux et aiment découvrir de nouvelles choses, résoudre des énigmes. Ils préfèrent souvent explorer l'ensemble de l'univers du jeu. Ce profil représente environ 10 % des joueurs.
3. Les **socialisateurs** (ou *socializers*) recherchent principalement les interactions avec d'autres joueurs. Ils aiment être en groupe, partager et échanger. Ils représentent près de 79 % des joueurs.
4. Les **tueurs** (ou *killers*) sont très compétitifs et motivés par la victoire, ils veulent être premiers du classement et dominer les autres. Ils représenteraient environ 1 % des joueurs.

Ces profils ne sont pas nécessairement exclusifs. Un joueur a généralement un profil dominant complété par les autres profils complémentaires, par exemple, un joueur peut avoir le profil suivant : 40 % socializer (le profil dominant), 25 % killer, 20 % explorer et 15 % achiever.

En connaissant les profils de joueurs de vos futurs apprenants, vous pourrez introduire des mécanismes de gamification qui répondront aux leviers de motivation de chacun.

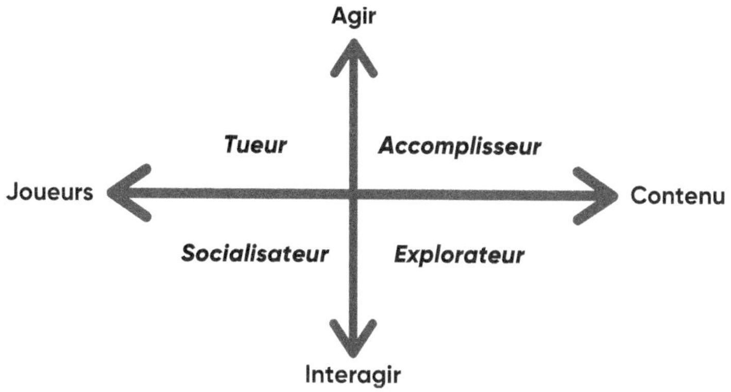

La typologie des joueurs selon Bartle

FICHE PRATIQUE

Quelles questions poser pour récolter des informations ?

Voici quelques exemples de questions à poser à vos futurs apprenants :

Informations personnelles :

- Quel âge avez-vous ?
- Êtes-vous une femme ou un homme ?
- Quelle est votre situation personnelle ?
- Quel est votre niveau d'éducation, quels sont vos diplômes ?
- Quelle est votre situation professionnelle ?

Informations professionnelles :

- Quel est votre emploi ?
- Quel est votre niveau d'expérience ?
- Quelle est votre journée type ?
- Quels outils utilisez-vous ?

↓

- O Avez-vous déjà suivi des formations ?
- O Qui est votre responsable ?

Ses motivations :

- O Quelles sont vos motivations ?
- O Quels sont vos objectifs ?
- O Pourquoi voulez-vous suivre cette formation ?
- O Aimez-vous apprendre de nouvelles choses ?

Ses besoins :

- O Quelles sont les raisons de votre souhait de suivre cette formation, est-ce pour monter en compétences, obtenir une augmentation de salaire, changer de poste, ou autre ?
- O Combien de temps êtes-vous prêt à consacrer à cette formation ?
- O Y a-t-il des besoins particuliers au niveau visuel, auditif ou physique ?

Ses freins :

- O Dans quelle mesure êtes-vous à l'aise avec les outils digitaux ?
- O Avez-vous du temps à consacrer à une formation ?
- O Avez-vous envie de suivre une formation ?
- O Rencontrez-vous actuellement des difficultés dans votre poste ?

Ses usages :

- O Quels types d'appareils utilisez-vous ? Ordinateur, tablette, smartphone ?
- O Quelles sont vos compétences numériques ?
- O Êtes-vous à l'aise avec un ordinateur, un smartphone, etc. ?
- O Quels sont vos réseaux sociaux préférés ?

Cette liste n'est bien sûr qu'un exemple, elle est à compléter et à adapter aux spécificités de votre public cible pour recueillir les informations dont vous avez besoin. L'idée est de vraiment comprendre qui est l'apprenant.

Astuce : si vous avez des difficultés pour interviewer de futurs apprenants, vous pouvez interroger des personnes qui ont l'habitude d'être en contact avec eux, par exemple des formateurs, leurs managers, etc.

Analyser les données

Une fois que vous avez accumulé un certain nombre d'informations, vous allez pouvoir analyser toutes ces données pour identifier des comportements communs afin de créer des regroupements. Ces regroupements vont vous permettre d'identifier des schémas comportementaux proches. Je vous conseille d'organiser les retours de chaque interviewé par thèmes en réalisant un diagramme d'affinité afin de synthétiser les données qualitatives recueillies.

> ***Définition :*** *Le diagramme d'affinité*
>
> Le diagramme d'affinité est un outil d'UX Design[2] créé par l'anthropologue Kawita Jiro dans les années soixante. Il est utile pour organiser et structurer des idées et des informations, et les relier entre elles.

Dans un premier temps, pour chaque interviewé, choisissez un post-it de couleur différente. Et notez les différents verbatims de chaque interviewé sur les post-it correspondants. Cela va vous permettre de voir l'ensemble des retours dans leur globalité.

Il est aussi possible d'appliquer cette méthode en utilisant un logiciel de traitement de texte et la fonction surlignage.

2. L'UX design est une méthode de conception permettant de concevoir des interfaces web centrées sur les utilisateurs, c'est-à-dire répondant à leurs attentes.

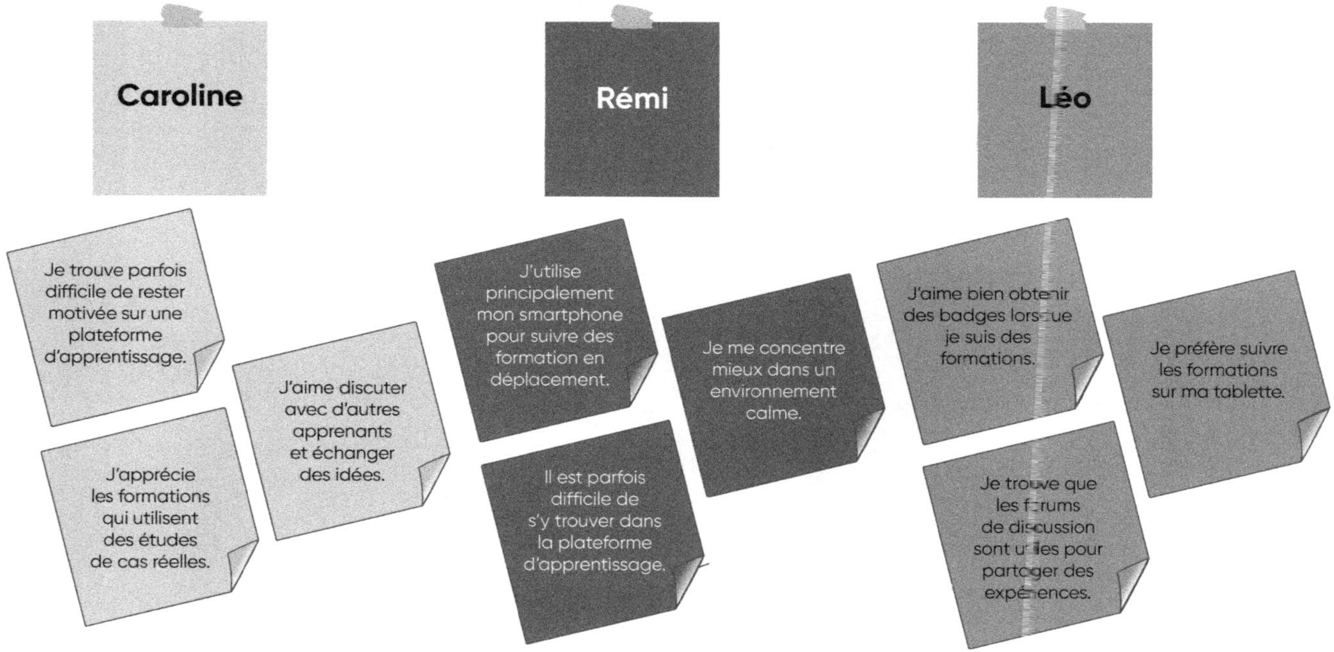

Exemple de collecte d'informations

Dans un deuxième temps, regroupez les post-it par proximité ou similarité pour créer des patates. Par exemple, pour l'aisance numérique, regroupez tous les post-it en lien avec l'utilisation du smartphone. Il est possible d'obtenir plusieurs groupes qui traitent de l'utilisation du smartphone : ceux qui l'utilisent beaucoup, ceux qui en ont un usage minimum, etc. L'objectif est de regrouper les comportements proches, les objectifs similaires, les freins similaires, etc.

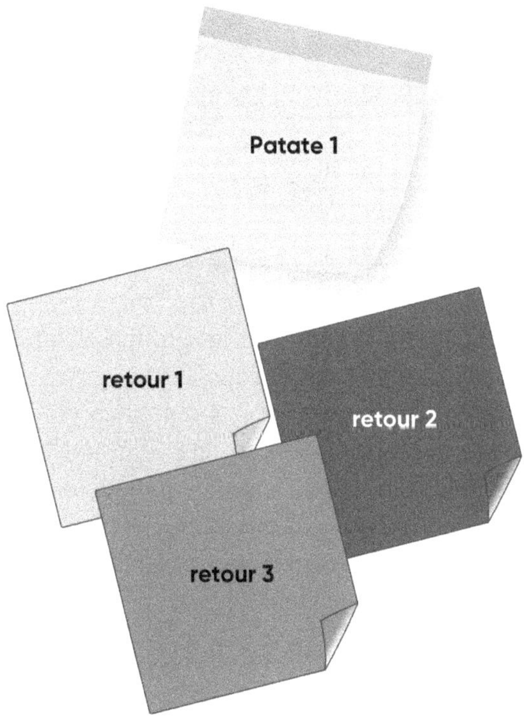

Exemple de patate

Dans un troisième temps, choisissez des noms de catégories pour chaque patate. Si nous reprenons l'exemple de l'usage des smartphones, vous avez peut-être identifié un groupe correspondant au comportement « addict au smartphone ». Si vous hésitez entre deux groupes différents pour classer un post-it, c'est que le retour est trop général. Essayez alors de le creuser pour affiner ce retour.

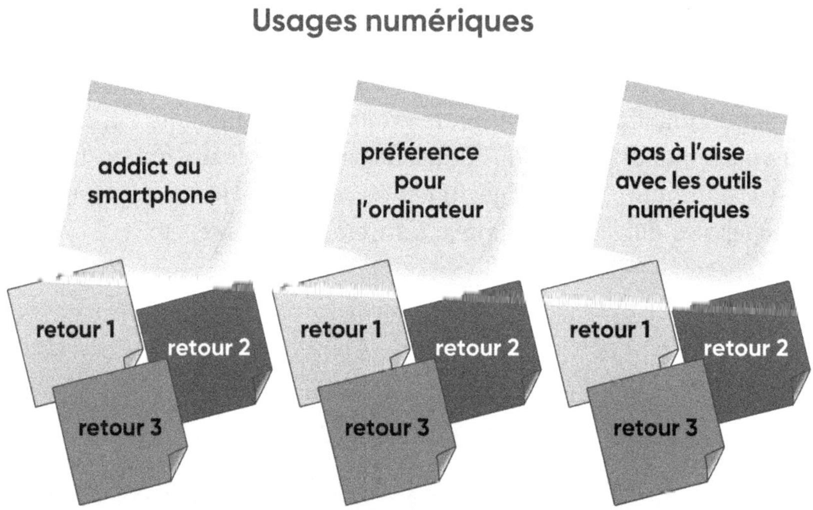

Exemple d'organisation des retours pour les usages numériques

Dans un quatrième temps, organisez les groupes selon les catégories de vos fiches personas : les motivations, les freins, les usages, et tous les autres thèmes qui ont un sens par rapport à votre projet. Vous aurez alors créé un diagramme d'affinité, synthétisant les données qualitatives recueillies. C'est ce qui va servir de base à la création des personas. Avec toutes ces informations, vous pouvez passer à la phase de rédaction de vos learner personas, en vous basant sur les groupements que vous aurez identifiés.

Rédiger les fiches learner persona

La phase d'analyse a mis en évidence des groupes de personnes qui ont des comportements et des motivations similaires. Ils vont vous servir de base pour créer un learner persona, sous la forme d'une fiche synthétique. Ce sera votre apprenant idéal. Si vous identifiez deux cibles d'apprenants différentes, vous devrez probablement concevoir deux versions différentes de la même formation, et des actions d'accompagnement et de communication adaptées à ces deux versions.

Pour rédiger la fiche d'identité de votre learner persona, reprenez les différentes catégories et renseignez-les :

- portrait ;
- professionnel ;
- personnel ;
- motivations ;
- freins ;
- usages.

Vous pouvez bien entendu rajouter d'autres catégories qui vous semblent intéressantes et importantes. L'idée est de créer un personnage fictif mais réaliste et de bien comprendre les questions qu'il se pose, ce qu'il attend de votre formation ou ce qui pourrait le freiner.

Pour vraiment donner une âme à votre learner persona, vous pouvez ajouter des éléments de situation, de contexte, d'environnement, d'interactions sociales, une citation représentative... rédiger un récit pour illustrer les buts poursuivis et les comportements, et ajouter une photo pour bien le personnifier, en choisissant un visage reflétant son profil. Donnez vie à votre persona !

Voici quelques outils d'aide à la création de personas : *Hubspot*[3], *Xtensio*[4], *Persona Generator*[5], *Mural*... Vous y trouverez des modèles de base pour organiser les informations de vos personas. Surtout, n'hésitez pas à les customiser et à rajouter des illustrations.

---

3. *Hubspot* est un outil en ligne d'inbound marketing.
4. *Xtension* est un outil web permettant de réaliser des personas.
5. *Persona Generator* est un outil web permettant de réaliser des personas.

Florian

Âge : 34 ans

Métier : Assistant en ressources humaines

Ville : Paris

Formation :
Master en Ressources Humaines

Personnalité :
Organisé, motivé et axé sur les résultats.

Aime travailler en équipe et échanger avec ses collègues.

Bio

Florian a 34 ans et réside à Paris, diplômé en ressources humaines, il travaille en tant qu'assistant en ressources humaines depuis 5 ans. Ses responsabilités professionnelles comprennent la gestion des dossiers du personnel, le soutien à la formation et le recrutement.

Passionné par la formation, il cherche, malgré son manque de temps, à développer ses compétences afin d'évoluer vers un poste de responsable de la formation.

Il participe activement à des discussions sur Linkedin et suit régulièrement des webinaires.

Motivations

- Développer ses compétences en formation et en développement des talents pour évoluer vers un poste de responsable de la formation.
- Acquérir des connaissances pratiques en conception pédagogique, en gestion de la formation.

Freins

- Manque de temps car est père de deux enfants en bas âge.
- Ne peut pas se libérer pour suivre des formations en présentiel.
- Préoccupations financières liées au financement des formations.

Centres d'intérêts

Intérêts : Lecture, podcasts professionnels, boxe, participation à des associations professionnelles.

Réseau social préféré : Linkedin.

Usages numériques

Possède un ordinateur et un smartphone, mais préfère le smartphone pour s'informer.

Préférences d'apprentissage

Préfère l'apprentissage pratique et concret avec des exemples et des cas d'étude.

Apprécie les cours en ligne interactifs, les webinaires, et les sessions de formation en petits groupes.

À l'aise avec les plateformes d'apprentissages en ligne, les forums de discussion, et les outils en ligne.

> « Chaque difficulté rencontrée doit être l'occasion d'un nouveau progrès. »
> Pierre de Coubertin

Exemple de fiche Learner Persona

Et ensuite, que fait-on de ces learner personas ?

Vous pourrez partager les fiches de vos learner personas avec l'équipe projet qui travaille sur la conception de votre formation pour que chacun s'approprie cet outil afin de se rappeler en permanence d'axer ses actions en fonction de ces personnages fictifs. Ces fiches sont comme un guide pour aider à concevoir un parcours de formation qui répondra au mieux aux différents besoins des apprenants.

C'EST À VOUS !

Créez votre learner persona

Choisissez une formation sur laquelle vous avez travaillé récemment et créez votre learner persona en vous aidant du template ci-dessous :

Prénom :

Prénom :	Pro :	Perso :
Âge : Ville : Formation : Métier :	Motivations :	Freins :
Traits de personnalité :	Usages numériques :	Préférences d'apprentissage :
Citation :		

LA CARTE D'EMPATHIE

Pour compléter le learner persona, vous pouvez utiliser un autre outil, la carte d'empathie, afin de mieux comprendre ce que ressentent vos futurs apprenants. Utilisée en *design thinking*, la carte d'empathie est un outil de visualisation qui va permettre de synthétiser les propos, pensées, actions et ressentis de vos apprenants. Elle va vous aider à développer une meilleure compréhension de votre public cible et notamment à trouver des réponses aux questions commençant par « Pourquoi ? », comme « Pourquoi les apprenants ne terminent-ils pas la formation ? ».

Dave Gray, le fondateur de l'entreprise *Xplane*, reconnue pour son expertise en *visual thinking*, est souvent associé à cette méthodologie. Le modèle, probablement inspiré d'un jeu proposé par Scott Matthews (*Empathy Map Game*), est apparu dans son ouvrage *Gamestorming : A Playbook for Innovators, Rulebreakers, and Changemakers* publié en 2010. La carte d'empathie est généralement divisée en plusieurs sections, et l'utilisateur, c'est-à-dire la personne qui utilise le produit ou le service, est situé au centre de la toile.

En ayant une meilleure connaissance des attentes de vos apprenants, des moyens qu'ils utilisent pour s'informer, des canaux de communication qu'ils préfèrent, vous pourrez plus facilement communiquer avec eux. Par exemple, si vous constatez que vos apprenants aiment écouter des podcasts ou regarder des vidéos courtes, vous privilégierez ces supports de communication. S'ils sont férus de réseaux sociaux, vous pourrez vous inspirer des codes de ceux-ci.

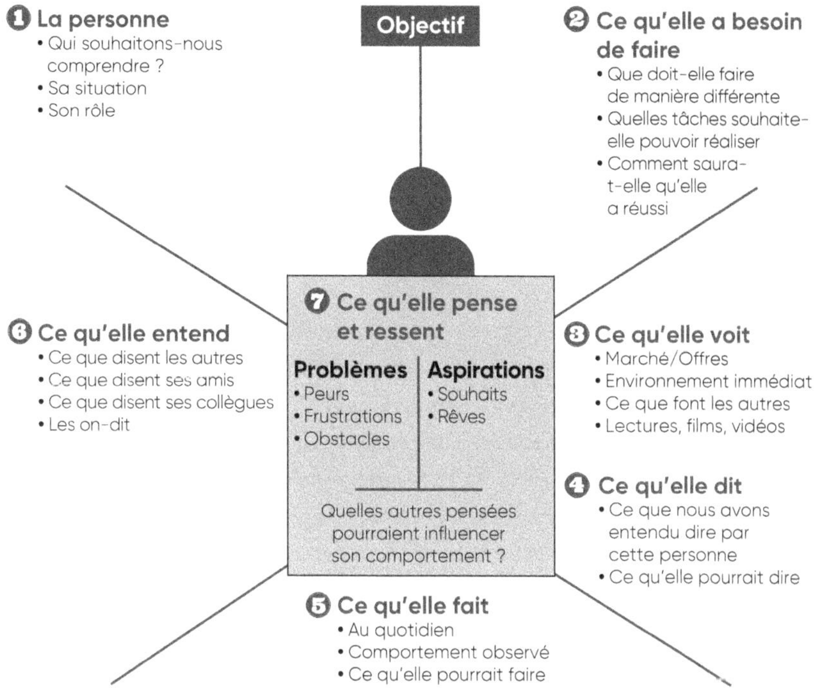

La carte d'empathie d'après Dave Gray

FICHE PRATIQUE

Créer une carte d'empathie

L'objectif est de se mettre dans la peau de son persona et de représenter sur une seule page, ce qu'il entend, ce qu'il voit, ce qu'il dit, ce qu'il pense et ressent, ce qu'il fait, pour mieux comprendre ses besoins, ses freins et ses envies. On peut également ajouter une section « craintes et frustrations » et une section « aspirations » pour adapter la carte d'empathie de Dave Gray au learning.

↓

La carte d'empathie est un document collaboratif, que vous pouvez construire lors d'un atelier, d'une trentaine de minutes. Pour cet atelier, vous pouvez inviter des membres des parties prenantes : le chef de projet, les ingénieurs pédagogiques, les concepteurs, des formateurs, des collègues de l'équipe marketing et communication, etc., l'idéal est de constituer un groupe de 4 à 6 personnes.

Déroulement de l'atelier :

- Sélectionnez un learner persona à étudier pendant la session. Si vous choisissez d'étudier plusieurs personas pendant un même atelier, chacun aura sa propre carte d'empathie.
- Avant la session, faites parvenir aux participants la fiche du learner persona qui sera étudié. Vous pouvez également joindre des études, des enquêtes, des éléments de veille que vous aurez récoltés.
- Au début de l'atelier, présentez le learner persona que vous allez explorer. Positionnez le persona sur la carte d'empathie et présentez l'objectif de l'atelier, c'est-à-dire établir le plus précisément possible le profil de votre apprenant cible concerné par votre future formation en vous servant de la carte d'empathie.
- Pendant 5 à 10 minutes, chaque participant va ensuite compléter la carte d'empathie avec des post-it, en se mettant à la place du persona, pour répondre à chaque question, selon ce modèle :

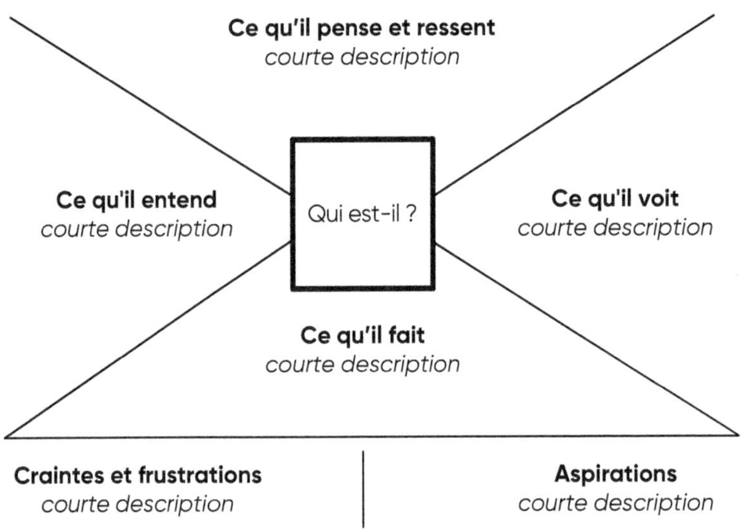

Exemple de carte d'empathie

↓

- Après avoir complété la carte, chaque participant restitue ensuite ses choix, les autres participants peuvent rebondir et enrichir la carte. Attention à éviter de prêter ses propres sentiments ou ressentis à l'apprenant exploré, c'est le piège de la carte d'empathie.
- Pour clore l'atelier, discutez ensemble des informations que vous avez récoltées et confirmez les hypothèses que vous choisissez de garder.
- Et partagez ensuite cette carte d'empathie avec l'ensemble des membres de l'équipe projet qui travaille sur la conception de votre formation.

Astuce : transformez votre carte d'empathie et votre fiche persona en une affiche physique et accrochez-la au mur de votre bureau, ou diffusez une version PDF via un canal de communication interne.

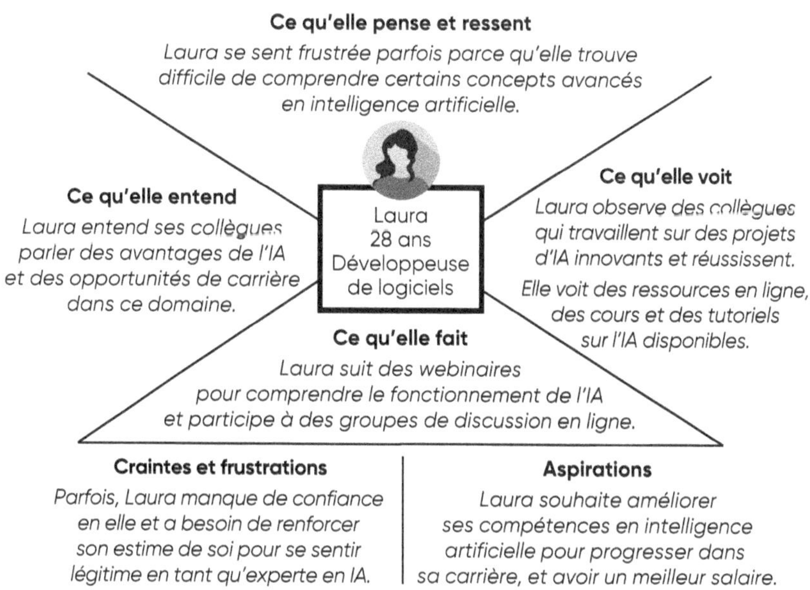

Exemple de carte d'empathie

Cette carte de l'empathie d'un apprenant permet de mieux comprendre les pensées, les émotions, les comportements et les besoins d'un apprenant spécifique. Elle peut être utilisée pour développer des parcours de formation et des actions d'accompagnement qui répondront aux besoins de cet apprenant et favoriseront son apprentissage.

L'ESSENTIEL

- Ce qui est important à retenir, c'est qu'avant de commencer à travailler sur la conception d'une formation, il est important de bien connaître ses apprenants.
- La méthode des personas va vous permettre de mieux cerner leurs besoins, leurs attentes, leurs préférences d'apprentissage, leurs contraintes.
- Parfois, vous allez sans doute découvrir que les apprenants ont différents niveaux de connaissances, d'expérience, de besoins, d'attentes et d'objectifs. Dans ce cas, il faudra réfléchir à comment concevoir un parcours de formation pour un groupe hétérogène, et prévoir, par exemple, différents modules qui s'adapteront aux différents niveaux, ainsi que différentes actions de communication pour toucher ces différents apprenants.
- Prenez le temps de créer votre learner persona, d'imaginer cette personne avec ses qualités et ses défauts car il est important d'avoir un learner persona bien défini. Puis pendant la phase de conception, penser à votre persona, comme à une personne réelle, assurez-vous de répondre à ses priorités et à ses besoins et ainsi la formation que vous allez concevoir sera efficace et engageante !

TÉMOIGNAGE

***Yoann Delaby**, consultant Learning Experience Design*

PLACER L'APPRENANT AU CENTRE DU PROCESSUS DE CONCEPTION

Je suis de ceux qui s'ennuyaient pendant ma scolarité. Une méthode d'enseignement ultra-dominante, avec un enseignant « sachant », peu de modalités pédagogiques, peu de sens donné sur les finalités de l'apprentissage, etc. Arrivé en entreprise, confronté à des réalités qui surprennent, j'ai encore été déçu par des formations déconnectées de mon quotidien.

Pourtant, la problématique initiale de l'éducation qui consiste à créer des apprentissages pour un grand nombre, tout en s'adressant à chacun dans son individualité, n'est pas insurmontable. Un enfant de 15 ans n'apprend pas comme un adulte. Il n'est pas sensible aux mêmes choses, les leviers psychologiques à activer ne sont pas les mêmes, ses centres d'intérêt diffèrent. En entreprise, le profil d'un développeur web n'est pas le même que celui d'un commercial. Profils différents, apprentissages différents.

Étudier ces profils et leurs singularités, c'est ce que la méthode des personas permet. Elle consiste à créer des profils type, des personnages fictifs réalistes, dans le but d'augmenter l'efficacité et l'efficience d'un apprentissage.

Souvent (toujours ?) en avance sur le domaine de la formation, car motivé par des objectifs lucratifs, le Marketing a popularisé la méthode des personas. Au lieu d'être obnubilé par notre produit ou notre service, concentrons-nous sur nos clients, tentons de les comprendre et de nous adapter.

Le persona incarne ainsi une démarche et une philosophie : la conception centrée utilisateur (CCU). Celle-ci met en lumière une compréhension approfondie des publics cibles, de leurs besoins, de leurs frustrations, de leurs quotidiens, de leurs manières d'apprendre... La CCU rebat les cartes des approches qui, pendant des années, ont fait du contenu la pierre angulaire de la conception. Grâce à elle et sa déclinaison, le « *Learning Experience Design* », l'apprenant est au cœur de la conception des apprentissages, à la fois « boussole » et « barre de guidage ».

L'utilisation du « persona learning » change ainsi la donne en replaçant le « pour qui » et le « pourquoi » avant le « quoi ». Comprendre les publics cibles va être utile à toutes les briques de l'expérience d'apprentissage.

ATTIRER les futurs apprenants vers le dispositif de formation grâce à une communication efficace : son quotidien, ses canaux de communication…

ENGAGER en maintenant chez l'apprenant un intérêt fort et durable : ses habitudes d'apprentissage, ses outils…

CONVERTIR grâce à une transformation de ses apprentissages en réelles compétences dans leur contexte de travail : ses besoins terrain, son contexte pro…

Ainsi, dans mon quotidien de consultant, lorsqu'un client me demande de « transformer » un contenu (présentation, PDF, manuel, guide…), je l'invite d'abord à bâtir des fondations solides. Comprendre les publics cibles, définir les objectifs pédagogiques qui répondent aux besoins de ceux-ci avant de mettre les contenus en perspective.

Le Mix Learning

Executive summary

- **Une nouvelle offre de formation peut être traitée comme un nouveau produit à promouvoir**, en proposant un parcours engageant et une expérience apprenant de qualité.
- **En adaptant la matrice des 4P du marketing au contexte de la formation, on peut créer un Mix Learning efficace** en travaillant sur les aspects du produit, prix, distribution et communication pour maximiser l'impact de l'expérience de formation.

PENSER VOTRE FORMATION COMME UN PRODUIT

Chaque nouvelle formation est comme un nouveau produit à promouvoir au sein de votre entreprise. Tout comme un nouveau produit doit convaincre des clients, une nouvelle formation doit convaincre des collaborateurs. Pour mettre toutes les chances de votre côté, vous devez alors proposer un bon produit : un parcours de formation engageant avec une belle expérience apprenant. Pour cela, il est important de travailler autant le fond que la forme.

Connaissez-vous la matrice des 4P en marketing ?

Les 4P viennent des initiales de quatre mots anglais qui décrivent les composantes du marketing mix : produit ; prix ; place ou distribution ; promotion ou communication. Ce concept a été théorisé par Philip Kotler et Jerome McCarthy dans les années soixante. Les 4P correspondent aux quatre piliers de la réflexion à mener lors du lancement d'un nouveau produit ou service. Ils composent le mix marketing. Nous pouvons adapter cette démarche lors de la phase de réflexion sur une nouvelle offre de formation avec quatre piliers qui vont composer le mix learning.

Les leviers du mix learning

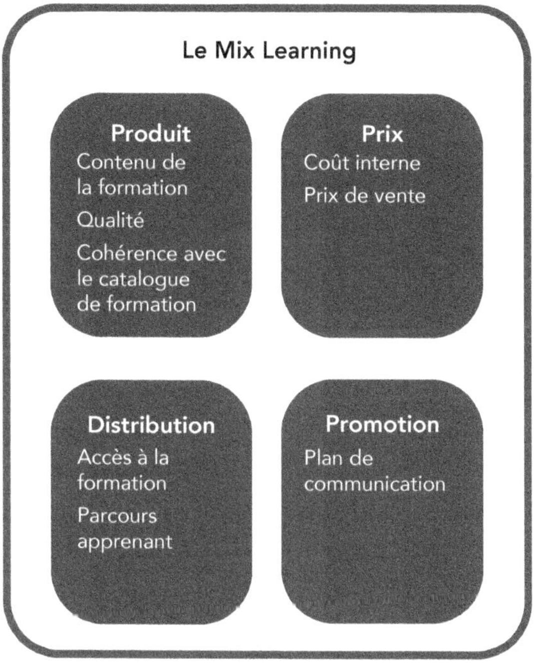

Le mix learning

Le produit

Le produit correspond à votre formation, c'est-à-dire aux objectifs pédagogiques, aux modalités pédagogiques choisies, aux contenus et aux supports. Pour favoriser l'engagement des apprenants, vous allez intégrer à votre « produit » des émotions grâce au storytelling, de l'interactivité grâce à la gamification et soigner l'univers visuel et l'univers audio. Pour ne pas lasser l'apprenant, il faut penser à dynamiser le parcours de formation en variant les modalités pédagogiques. Dans un contexte digital, n'oubliez pas d'adapter les outils aux comportements des apprenants, par exemple, pour un parcours destiné majoritairement à des apprenants jeunes, privilégiez plutôt le smartphone. Quelques fois, pour les parcours déjà existants, il n'est pas nécessaire de tout actualiser. Vous pouvez les repenser en les redynamisant, en introduisant des activités interactives, des visuels plus dans l'air du temps ou en intégrant de l'audio.

Les mots jouent un rôle important dans l'engagement des apprenants. Cela commence dès l'intitulé que vous allez donner à votre formation. Ne le sous-estimez pas car, un titre accrocheur a de meilleures chances de donner envie d'en savoir plus. Par exemple, plutôt que le titre : « Formation pour améliorer ses PowerPoint » préférez le titre « Boostez vos présentations ! ». La même démarche est à adopter pour le résumé. Il doit reprendre les objectifs et les bénéfices de la formation et permettre à l'apprenant de commencer à se projeter dans le parcours, il doit donc être très bien travaillé.

Le prix

Dans le cadre d'une formation professionnelle, l'employé n'a souvent pas à prendre en charge sa formation lui-même, mais celle-ci a tout de même un coût puisqu'il va passer du temps à se former et ne pas être disponible lorsqu'il suivra sa formation. De plus, celle-ci demande parfois du temps de déplacement. L'important est alors de montrer que cet investissement en temps est justifié par les bénéfices apportés par la formation et les nouvelles compétences acquises. Pensez au budget global du service formation ! Pour chaque formation, je vous conseille donc de bien définir les objectifs d'apprentissage et les bénéfices attendus et de montrer comment la formation s'inscrit dans les priorités stratégiques de l'entreprise.

La distribution

Comment les apprenants accèdent-ils à la formation ? Via quels canaux de distribution ? Est-ce un parcours en ligne, en présentiel ou bien en *blended learning*[1] ? Il faut considérer le champ complet du parcours de

1. Le *blended learning* est une combinaison de formations en présentiel et de formations en distanciel.

l'apprenant : avant, pendant et après la formation ; dès le moment où l'apprenant va rechercher des informations pour se former jusqu'au moment où il va achever son parcours de formation. C'est ce que nous verrons dans l'étape 4.

Dans le cas d'une formation digitale accessible via un LMS[2] ou une LXP[3], il faut s'assurer que l'apprenant aura bien au préalable créé son compte et qu'il pourra accéder à la plateforme sans soucis quel que soit le navigateur.

Avez-vous entendu parler de l'acronyme ATAWAD, inventé en 2002 par le consultant Xavier Dalloz, qui veut dire : « *Any Time, Anywhere, Any Device* » ou en français « n'importe quand, n'importe où, n'importe quel appareil » ? Il nous rappelle qu'il faut laisser la possibilité à un client de se connecter à un site quand il veut, depuis où il veut et depuis le support qu'il veut : un smartphone, une tablette, un ordinateur. Pour l'apprenant, c'est pareil. Il faut donc s'assurer que ce soit compatible avec votre parcours de formation. Il m'est déjà arrivé de consulter un parcours de formation sur mon téléphone avec des activités interactives qui ne fonctionnaient pas, alors que sur mon ordinateur, il n'y avait pas de soucis ! Lors de la conception de votre formation, pensez à bien tester votre parcours sur plusieurs terminaux.

La communication

Comment promouvoir une nouvelle formation ? Quels sont les canaux les mieux adaptés pour communiquer auprès des apprenants ? Quels sont les arguments à mettre en avant ? La communication est un élément clé de la réussite d'un dispositif de formation. Elle a trois objectifs :

- attirer et séduire les apprenants ;
- accompagner et motiver ;
- féliciter et valoriser.

2. Un LMS ou *Learning Management System* est une plateforme d'apprentissage en ligne où sont gérés les contenus pédagogiques.
3. Une LXP ou *Learning Experience Platform* est une plateforme d'apprentissage qui propose des contenus pédagogiques personnalisés aux apprenants.

Nous aborderons en détail cette partie dans l'étape 5.

En traitant chaque partie du mix learning, vous travaillerez votre expérience apprenant à 360° pour proposer une formation engageante et mémorable.

OFFRIR UNE EXPÉRIENCE LEARNING ATTRACTIVE

> ***Définition :*** *Expérience learning*
>
> On peut s'inspirer de la définition d'une expérience utilisateur pour définir ce qu'est une expérience learning : qualité de l'expérience qu'un apprenant ressent lors de son interaction avec une interface, que ce soit dans un environnement numérique ou physique.

Pour offrir une expérience learning engageante et de qualité aux apprenants, cinq notions sont à intégrer :

- l'émotion, en proposant des parcours qui vont créer et susciter des émotions grâce au storytelling ;
- la motivation, en proposant des activités pratiques permettant d'obtenir des récompenses, des badges, etc., grâce à la gamification ;
- l'univers visuel, le contenu doit être attrayant visuellement et beau ;
- l'univers audio, en soignant le design sonore ;
- la fluidité de l'expérience, en concevant une interface intuitive et agréable à utiliser grâce aux bonnes pratiques d'UX Design et d'UX Writing.

Le storytelling

Le storytelling est l'art de raconter des histoires. Il s'agit d'une technique qui consiste à utiliser des codes narratifs pour faire passer des informations. Le public est alors captivé par l'histoire racontée, il ressent des émotions et cela marque son esprit, comme les contes de notre enfance.

Le storytelling permet de tisser un lien avec son audience et de créer de l'engagement. Car raconter des histoires, c'est faire vivre des expériences et des émotions. On s'attache alors aux personnages et aux aventures qu'ils vivent car nous les ressentons. Le storytelling est un élément clé et stratégique du marketing mais aussi de la communication, les entreprises s'en sont emparées pour faire connaître un nouveau produit, améliorer leur image de marque, augmenter leur notoriété ou même pour corriger un *bad buzz*. Il est encore assez peu connu pour son utilisation en pédagogie. Pourtant, grâce aux émotions suscitées, il permet de donner du sens et de contextualiser une information. Et ces émotions vont favoriser la mémorisation, augmenter la rétention des informations grâce aux souvenirs générés et surtout favoriser l'engagement.

Les étapes du storytelling

Connaître ses apprenants

Pour que votre utilisation du storytelling soit efficace, il faut parfaitement connaître votre cible car les leviers d'engagement qui généreront de l'intérêt sont différents pour chaque apprenant. Chaque histoire doit être écrite en fonction de la cible à laquelle elle s'adresse. Pour cela, appuyez-vous sur vos personas et sur votre carte d'empathie. L'objectif étant que votre persona se reconnaisse dans votre storytelling.

Définir votre objectif

Quel message souhaitez-vous transmettre ? Quels sont vos objectifs pédagogiques et leurs enjeux ? Tous les sujets ne se prêtent pas au storytelling. Il est important de bien définir les besoins des apprenants, de comprendre à qui vous vous adressez et sur quel sujet. Par exemple, sur des sujets très techniques ou complexes, le storytelling peut être plus difficile à mettre en place. L'apprenant pouvant alors préférer avoir des ressources à sa disposition en fonction de ses besoins plutôt que de suivre entièrement le fil d'une histoire.

Imaginer l'univers et ses personnages

Pour ne pas perdre vos apprenants, il est important de suivre un chemin clair et de lier les informations les unes aux autres grâce à des liens de cause à effet. Votre histoire doit se dérouler comme un fil, avec un début et une fin. L'inspiration peut provenir d'histoires réelles, de votre imagination ou d'histoires fictives. Imaginez votre décor et les personnages qui y évolueront, avec des caractères et des rôles. Réfléchissez aux émotions que vous souhaitez susciter.

Travailler le scénario

Définissez les missions que vous allez confier à vos personnages, les animations, les activités, etc. Ces activités pédagogiques vont permettre aux apprenants d'acquérir des connaissances et de répondre à vos objectifs pédagogiques. Elles vont également créer du rythme et embarquer les apprenants. Déterminez également le ton que vous allez employer dans votre histoire, les dialogues entre les personnages, les sons d'ambiance pour renforcer l'immersion.

Exemple : Storytelling pour une formation d'onboarding

Cible d'apprenants : tous les collaborateurs.
Objectifs de la formation : intégration des nouveaux arrivants.
Proposition de storytelling : l'apprenant monte à bord d'une fusée pour une mission durant laquelle il devra résoudre des énigmes et répondre à des questions pour découvrir différentes informations sur l'entreprise.

Comment développer sa créativité ?

Pour développer sa créativité au quotidien, on peut s'inspirer des séries TV, des réseaux sociaux, regarder des publicités, flâner dans des expositions, assister à des conférences pour découvrir de nouvelles choses, laisser son esprit vagabonder. J'ai très souvent des idées lorsque je marche. D'ailleurs des chercheurs de l'université de Stanford ont mis en avant les bienfaits de la marche dans le processus créatif[4]. Si vous cherchez de l'inspiration, enfilez vos baskets pour une petite balade !

Il ne faut pas non plus hésiter à s'inspirer aussi des pratiques qui fonctionnent dans d'autres secteurs et voir comment elles peuvent être adaptées au learning. Une idée est furtive : écrivez, prenez des photos, filmez ou enregistrez vos idées !

Pour en savoir plus sur le storytelling, vous pouvez écouter l'épisode #68 du podcast *Learn & Enjoy* avec Julien Georget intitulé : « Le storytelling pour engager les apprenants ».

4. Oppezzo M. et Schwartz D. L., « Give your ideas some legs : the positive effect of walking on creative thinking », *Journal of Experimental Psychology : Learning, Memory and Cognition*, 40(4), 2014, p. 1142-1152.

La gamification

Utiliser les leviers de la gamification dans les parcours de formation est intéressant pour favoriser l'engagement des apprenants. Brian Burke, vice-président chercheur de Gartner, définit la gamification comme étant « l'utilisation de mécaniques de jeux et de design d'expérience pour engager numériquement et motiver des individus à atteindre leurs buts ». Les objectifs ?

- Transformer un apprenant en « participant » actif.
- Attirer son attention puis la conserver le plus longtemps possible grâce aux interactions.
- Faire adhérer au parcours de formation.

Le modèle de la boucle de l'engagement, largement utilisé dans le domaine du jeu, va permettre d'atteindre ces objectifs. La boucle de l'engagement comprend trois éléments : la motivation, l'action et le feed-back.

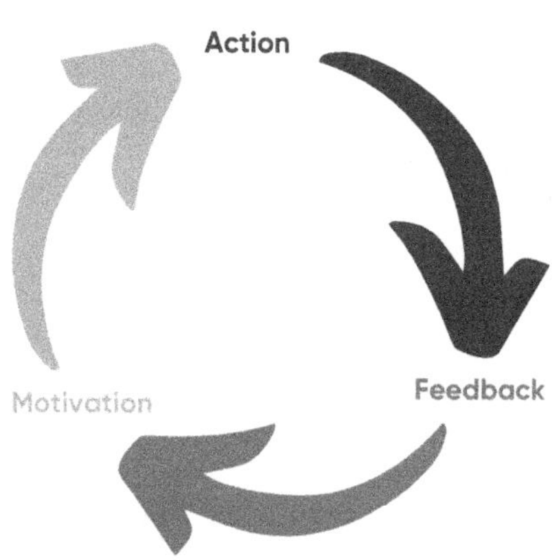

La boucle de l'engagement

La motivation

Elle est un élément déclencheur qui va pousser le participant à s'engager dans une action ou une expérience, comme une invitation envoyée par e-mail, un courrier personnalisé, un teaser vidéo, un post sur le réseau social interne, etc.

L'action

Il s'agit de rendre l'apprenant actif tout au long du parcours de formation grâce à des activités pratiques permettant d'obtenir des récompenses, des badges, etc.

Le feed-back

Le retour fait à l'apprenant sur son activité va générer chez lui l'envie de s'améliorer et la motivation pour continuer, créant ainsi une motivation nouvelle qui va lancer une nouvelle boucle ! On retrouve ici les quiz et les progressions par niveau.

Les clés d'un bon feed-back :

- immédiat, ou le plus rapidement possible après l'action ;
- directement lié à l'action réalisée ;
- indiquer et renforcer ce qui est correct ;
- proposer des moyens de s'améliorer.

Les feed-back doivent donc être fréquents et systématiques pour entretenir la motivation de l'apprenant.

Mécaniques de gamification exploitant la boucle de l'engagement

La compétition

Instaurer une compétition saine et positive entre les apprenants afin de les faire progresser et les inciter à se surpasser en se mesurant aux autres pour gagner le plus de points, de badges ou de récompenses . mise en compétition entre apprenants, entre groupes d'apprenants (services, départements, établissements, etc.) ou entre structures (agences, filiales, etc.) avec des tableaux de classement.

Les récompenses

Reconnaître et valoriser les réussites des apprenants avec des points, des badges comme lors des bonnes réponses aux quiz, lorsque l'apprenant s'est inscrit, lorsque la formation est terminée, selon le nombre d'interventions dans un forum, etc.

Les concours

Offrir une chance de participer à un jeu ou un tirage au sort lorsqu'un niveau est atteint. Par exemple, un apprenant qui a atteint un certain nombre de points obtient une chance de participer à un jeu concours à instant gagnant, comme une roue de la fortune lui permettant de gagner des cadeaux ou des avantages.

Le temps

Inciter à agir rapidement, en ajoutant un minuteur aux activités pratiques ou en ouvrant l'accès aux formations uniquement pendant un temps limité.

Exemple : *Formation gamifiée exploitant la boucle de l'engagement*

PHASE DE LA BOUCLE	LEVIERS
Motivation	E-mail présentant le parcours de formation et invitant à s'y connecter, gain de points à l'inscription Teaser vidéo mettant en avant un concours, les prix à gagner Récompense si les participants invitent d'autres apprenants à s'inscrire à la formation Obtention d'un certificat à la fin du parcours
Action	Quiz avec temps limité pour répondre : chaque bonne réponse donne des points, des réponses rapides donnent des bonus, plusieurs bonnes réponses de suite donnent un badge
Feed-back	Feed-back après chaque quiz avec : • les points obtenus • le score global • le positionnement dans le classement, pour donner envie de progresser • des ressources à consulter

Pour en savoir plus sur la gamification, vous pouvez écouter l'épisode #24 du podcast *Learn & Enjoy* avec Alexandre Duarte et Aurore Thion intitulé : « Pourquoi utiliser la gamification en formation ? ».

L'UX Design

Suivre un module en digital learning c'est vivre une expérience d'apprentissage au travers d'une interface numérique, que ce soit le module en lui-même ou la plateforme LMS qui héberge ce module. Les principes d'action et bonnes pratiques d'UX Design permettent de concevoir des interfaces engageantes et d'offrir à l'apprenant la meilleure expérience possible.

« L'UX Design est un processus de conception méthodique, itératif et centré sur l'humain, visant à façonner des expériences utilisateurs. »

Carine Lallemand (Ph.D.),
chercheur en psychologie et UX Design
à l'Université de Luxembourg depuis 2015.

Une identité visuelle cohérente et forte, et une navigation fluide vont contribuer à offrir à l'apprenant une bonne expérience d'apprentissage. L'UX Design met la forme au service du fond !

L'identité visuelle

Aujourd'hui, nous vivons à l'ère du beau. Les réseaux sociaux centrés sur l'image, comme *Instagram*, ont connu une croissance exponentielle, et avec eux, le langage du visuel esthétique est devenu presque une habitude. C'est un « code » à respecter, même dans le secteur de la formation. Aussi, il est important de porter une attention particulière à l'identité visuelle de vos productions. Tous les éléments graphiques, visuels, couleurs, iconographie, ton des contenus, etc., doivent être en accord avec le style et le *tone of voice* que vous avez définis dans votre signature pédagogique. Pour garantir cette unité, vous pouvez créer un *design system* pour vos équipes. Il s'agit d'une bibliothèque qui contiendra les éléments à utiliser dans la conception de vos projets digitaux.

On retrouve généralement dans un *design system* :

- des éléments graphiques comme les boutons ;
- les typographies ;
- les palettes des couleurs et règles associées ;
- des visuels, illustrations ;
- des sons ;
- les principes de mise en page.

Un *design system* apportera de la cohérence à vos productions.

Les règles ergonomiques

Pour être efficace et ne pas perturber l'apprenant, il est important de respecter les codes ergonomiques digitaux actuels. L'ergonomie est un critère essentiel pour offrir une expérience fluide et intuitive afin de booster l'engagement de l'apprenant. Ainsi, fournir des indications claires et précises permet à l'apprenant de se focaliser sur les éléments importants de la navigation. Pour cela, il est essentiel de respecter certaines règles afin de garantir une expérience optimale.

L'affordance désigne la fonction d'un élément qui suggère intuitivement à un utilisateur comment il peut être utilisé sans nécessiter d'instructions explicites. Par exemple, les liens cliquables sont souvent présentés en bleu et soulignés. Cela permet à l'apprenant de savoir ce qu'il doit faire. Pour qu'il ne soit pas perdu, l'ergonomie de votre module doit les respecter.

Les conventions de navigation les plus communes :

- le logo renvoie généralement à la page d'accueil ;
- les éléments cliquables réagissent visuellement au passage du curseur de la souris ;
- les boutons changent d'apparence (par exemple, en s'assombrissant ou en changeant de couleur) lorsqu'ils sont survolés pour signifier qu'ils sont cliquables ;

- les liens hypertextes se distinguent avec une police ou une couleur différente, et sont soulignés, voire graissés, pour indiquer qu'ils sont interactifs ;
- les étoiles symbolisent les avis ;
- le pictogramme cœur représente un contenu aimé ;
- le pictogramme loupe symbolise la recherche.

Si vous utilisez des icônes, ajoutez un texte afin que l'apprenant comprenne clairement les actions possibles.

Hiérarchie visuelle des informations

La hiérarchie va montrer le chemin et souligner les points importants de l'interface pour optimiser la navigation. Pour intégrer vos éléments-clés au bon endroit, suivez le schéma de visualisation F-Pattern[5].

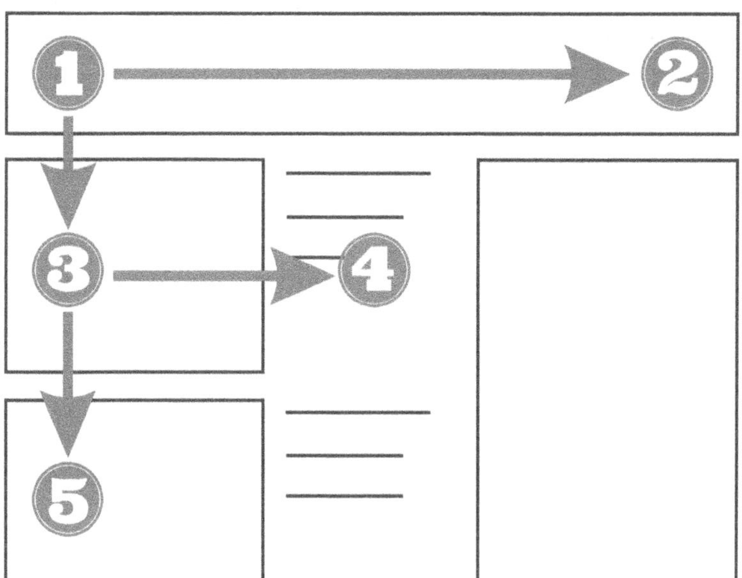

Le schéma F-Pattern

5. Le F-Pattern est une mise en page qui guide l'œil d'un utilisateur vers les informations que vous souhaitez qu'il voie, en prenant en compte le comportement humain.

Sur une interface numérique, les utilisateurs scannent généralement les pages avec le même mouvement en « F ». Le message le plus important doit donc être positionné en haut. Le lecteur va également être instinctivement attiré vers les éléments de grande taille, qui sont perçus comme plus importants que ceux de petite taille. Jouez sur la taille de la police, des images ou des boutons pour hiérarchiser le contenu et guider ainsi les apprenants dans leur parcours. Plus l'information est importante, plus elle devra occuper l'espace sur votre page !

Privilégier l'évidence

Préférez des intitulés de menu, de rubriques, clairs et descriptifs. Les boutons doivent être évidents et incitatifs, et indiquer l'objectif comme : « Continuer », « Recommencer », « Valider ».

Simplifier la navigation

- Pour favoriser la navigation, il est recommandé de limiter les distractions en réduisant le nombre de choix possibles.
- Pensez également à toujours intégrer le chemin de navigation pour que l'apprenant sache où il se trouve.
- Vous pouvez aussi permettre aux apprenants de revenir sur leurs actions précédentes pour éviter les frustrations. Et quand cela est possible, d'annuler les actions récentes en cas d'erreur.
- Enfin, la possibilité de mettre en pause et de reprendre où l'apprenant s'était arrêté sera également très appréciée.

Penser *responsive*

Aujourd'hui, la consommation sur mobile a largement dépassé la consommation classique depuis un ordinateur. 92 % des internautes accèdent au web depuis leur appareil mobile, d'après une étude menée par *We Are Social* et *Meltwater* parue en 2023[6]. Cette pratique implique que le design de votre expérience soit *responsive*, c'est-à-dire optimisé pour tous les appareils.

Par exemple, les apprenants ont l'habitude de se servir de leur pouce pour scroller sur leur smartphone, aussi placez vos boutons sur une zone centrale de votre interface. Ainsi, ils ne risquent pas de faire une fausse manipulation ou de devoir s'y reprendre à plusieurs fois.

4 mots-clés pour une expérience optimale

- Clarté
- Lisibilité
- Fluidité
- Accessibilité

Pour en savoir plus sur l'UX Design, vous pouvez écouter l'épisode #38 du podcast *Learn & Enjoy* avec Laurent Gallen intitulé : « S'inspirer des bonnes pratiques du design web pour le digital learning ».

L'UX Writing

Sur un site ou une application, l'UX Writing ou la rédaction UX consiste à utiliser des mots et des phrases qui vont guider l'utilisateur sans effort vers son objectif.

6. « Digital 2023 global overview report » de *We Are Social* et *Meltwater*.

L'UX Writing est à l'écrit, ce que l'UX Design est au visuel. Tout comme les aspects visuels, les mots ou les phrases d'une interface sont importants pour créer une expérience positive et engager l'utilisateur. Ce sont, par exemple, les instructions, les formulaires, les boutons, les messages d'erreur, etc.

Lorsque nous créons des modules de formation, c'est ce que nous recherchons également : guider l'apprenant de façon fluide tout au long du parcours de formation.

S'inspirer de l'UX Writing peut aider dans la conception pédagogique afin de créer des interfaces fluides pour engager l'apprenant.

Les bonnes pratiques de la rédaction UX

▬ Être clair

En lisant votre texte, l'apprenant doit immédiatement comprendre ce qu'il doit faire. Pour cela :

- pensez en priorité à ce que l'apprenant a besoin de savoir et de comprendre ;
- écrivez des phrases courtes ;
- évitez les mots compliqués. Si l'un des mots que vous avez choisis possède un synonyme plus simple mais tout aussi efficace, utilisez-le !

▬ Être concis

Les espaces disponibles au sein des interfaces numériques sont restreints, d'autant plus sur les smartphones, il est donc important d'être concis en supprimant tous les mots inutiles. Les apprenants ne sont pas toujours disposés à lire des textes longs. L'idéal est de découper les différents messages en paragraphes assez courts, pour que cela puisse facilement être assimilé. Chaque mot doit avoir sa place et ne pas être superflu.

- Employer des verbes spécifiques

Utilisez des verbes qui connotent des actions bien précises, afin d'éviter des confusions au niveau de la compréhension des actions à réaliser ou des consignes.

- Rester cohérent

Employez le même ton pendant toute votre formation : vous avez opté pour un ton humoristique, gardez ce ton pendant tout le parcours jusqu'à la fin. Pour la relation avec vos apprenants, soyez également cohérent. Si vous décidez de les tutoyer, alors tutoyez-les du début à la fin. N'alternez pas tutoiement et vouvoiement. Adoptez ce même principe pour les chiffres, écrivez-les toujours de la même façon.

- Utiliser le « vous »

Il n'y a rien de plus convaincant que le mot « vous ». Des termes et des expressions comme « vous allez », « vous êtes », « vous avez », « votre », « vos », etc., sont les meilleurs moyens d'engager les apprenants et de faire en sorte qu'ils s'identifient à vos personnages.

- Écrire pour ses apprenants

Afin de bien cerner le *wording* à adopter pour votre rédaction, il est essentiel de vous mettre à la place de vos apprenants. Grâce à la définition de vos personas et aux cartes d'empathie, vous devez avoir une idée du langage utilisé par vos apprenants. Ne cherchez pas à utiliser un langage trop complexe et éloigné de votre cible, utilisez le style et le vocabulaire de vos apprenants.

Par exemple, pour une formation s'adressant à des conseillers de vente, vous pourrez utiliser un registre humoristique, alors que pour une formation sur le droit du travail destinée à des juristes, vous adopterez plutôt un langage plus professionnel.

- Penser utilité

Le but de la rédaction UX est d'améliorer l'expérience utilisateur, de le guider dans l'*user flow*[7]. Soyez clairs dans l'énoncé de vos boutons,

7. Un *user flow* ou flux d'utilisateur est une série d'étapes qu'un utilisateur suit pour atteindre un objectif précis.

de vos consignes, etc., pour que l'expérience de l'apprenant soit fluide durant tout son parcours : passer à une nouvelle étape, consulter une ressource, remplir un questionnaire.

Pour en savoir plus sur l'UX Writing, vous pouvez écouter l'épisode #48 du podcast *Learn & Enjoy* avec Samuel Marc et Marc Albinet intitulé : « S'inspirer de l'UX Writing dans la conception pédagogique ».

Le sound design

Le sound design, c'est la création de l'univers audio de votre formation. Il permet de faire passer un message en faisant appel à l'imagination et l'implicite. Il favorise l'immersion. Il existe trois types de sons :

- la voix off ;
- la musique ;
- les bruitages ou effets sonores (bruit d'ambiance d'un bureau, bruit d'une alarme, pluie, etc.).

Cet univers audio, en créant une ambiance, va rendre votre parcours de formation réaliste et vraisemblable. L'apprenant pourra s'y projeter et s'y engager.

« Le son est ce qui convainc réellement l'esprit de sa situation. »

Jesse Schell, CEO de Schell Games

La voix off

Dans une formation digitale, la voix tient un rôle important. Elle permet de créer un lien émotionnel avec les apprenants et va aider à transmettre l'information d'une manière accessible et engageante. Votre module de formation peut faire jouer des personnages, dans ce cas imaginez des dialogues réalistes, simulant des interactions et des actions professionnelles du quotidien. Ces dialogues vont apporter un contexte aux différentes scènes. Dans le cas d'une animation, vous pouvez combiner l'animation avec une voix off qui va « expliquer » la notion traitée sans surcharger avec un texte à l'écrit supplémentaire.

La voix est un formidable moyen de créer une connexion avec ses apprenants. Il est possible d'enregistrer soi-même les voix off. Dans ce cas, utilisez un matériel de bonne qualité car la qualité du son est un élément essentiel qui participe à l'expérience d'écoute. Personnellement, lorsque j'enregistre les épisodes de mon podcast, j'utilise un micro professionnel, un *Tbone*, mais il y en a d'autres comme le *Blue Yéti*, le *Bird* ou le *Rode*.

La musique

La musique est également un réel vecteur d'émotions. Identifiez une musique principale, souvent appelée *main theme*, qui sera reconnaissable par ses instruments et ses rythmes similaires. Elle sera la base de toutes les autres « sous » musiques, utilisées en fonction des situations. La musique va poser le décor de votre module. Vous pourrez trouver des musiques sur des sites comme *Premium Beat*, *AudioHub*, ou *Au bout du fil*, par exemple. Je vous conseille d'acheter une licence pour être en règle et de penser à vérifier les droits permis.

Les bruitages

Les bruitages peuvent être multiples ! Ils traduisent la plupart du temps une action et vont apporter du réalisme à votre module de formation. Ils vont également renforcer le feed-back donné à l'apprenant. Voici quelques idées d'effets sonores :

- un jingle en début et en fin de module ;
- un son bref lors du passage d'une page à l'autre ;
- des récompenses sonores ;
- des bruits tristes lors des erreurs ;
- un bref son sur les boutons de validation ;
- une courte introduction musicale au début des vidéos, etc.

Pensez aussi aux bruits de fond pour créer une ambiance, comme les bruits que l'on retrouve dans un bureau, les bruits d'une rue, etc. Vous pourrez trouver une multitude de sons sur des banques de sons comme *Freesound*, *La Sonothèque*, *Sound-Fishing* ou *Youtube Audio Library*.

Pour aller plus loin, vous pouvez écouter l'épisode #33 du podcast *Learn & Enjoy* avec Émilie Lucet intitulé : « L'importance de la voix dans le Digital Learning ».

C'EST À VOUS !

Calculez le score d'engagement de votre expérience learning

- Choisissez un e-learning que vous avez créé récemment.
- Attribuez une note de 0 à 5 pour chacun des ingrédients (0 = absent, 5 = très présent) : storytelling, gamification, univers visuel, univers audio, ergonomie.
- Additionnez ces notes.
- Vous obtenez le score d'engagement de votre expérience learning.
- Notez votre score sur 25 : …
- Vous pouvez également représenter les éléments de votre score d'engagement grâce à un diagramme de Kiviat comme ceci :

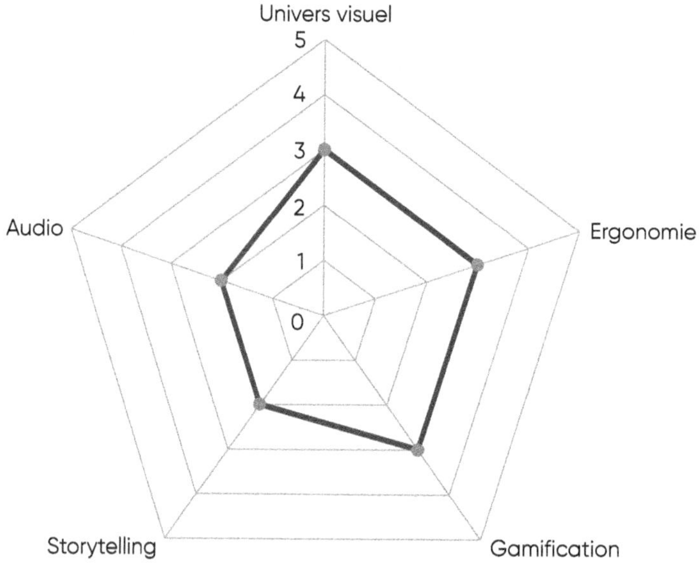

Exemple de score d'engagement

Vous identifierez alors plus facilement les points d'amélioration.

PROPOSER UNE FORMATION PERTINENTE ET EFFICACE

Pour optimiser l'expérience d'apprentissage, je vous propose de détourner le *value proposition canvas* qui est un outil issu du monde entrepreneurial. Le *value proposition canvas* est une méthode qui a été imaginée par Alexandre Osterwalder et développée par la société Strategyzer, elle se concentre sur :

- le client ;
- son problème et son besoin ;
- la réponse qui va lui être apportée.

Cet outil permet de comprendre les besoins des clients et de concevoir une offre qui répond spécifiquement à ces besoins. Il se compose de deux parties : le *customer profile*, ou profil client, et la *value proposition*, ou proposition de valeur.

Profil client : dans cette partie, les besoins et les caractéristiques des clients cibles sont identifiés. On peut y inclure des informations sur leurs objectifs, leurs défis, leurs préoccupations et leurs attentes.

Proposition de valeur : cette partie se concentre sur les solutions que le produit ou service apporte en réponse aux besoins des clients. On y définit ses avantages, ses fonctionnalités et ses valeurs ajoutées offertes. On peut également préciser ce qui le distingue des concurrents et les raisons pour lesquelles les clients devraient le choisir.

Il est intéressant d'utiliser cet outil lors de la phase de création des formations. Simple et rapide à réaliser, il vous permettra de réfléchir à votre parcours de formation en vous plaçant du point de vue de l'apprenant pour répondre à ses besoins concrets et ainsi lui proposer une expérience d'apprentissage engageante. Le client devient l'apprenant et la proposition de valeur, le parcours de formation.

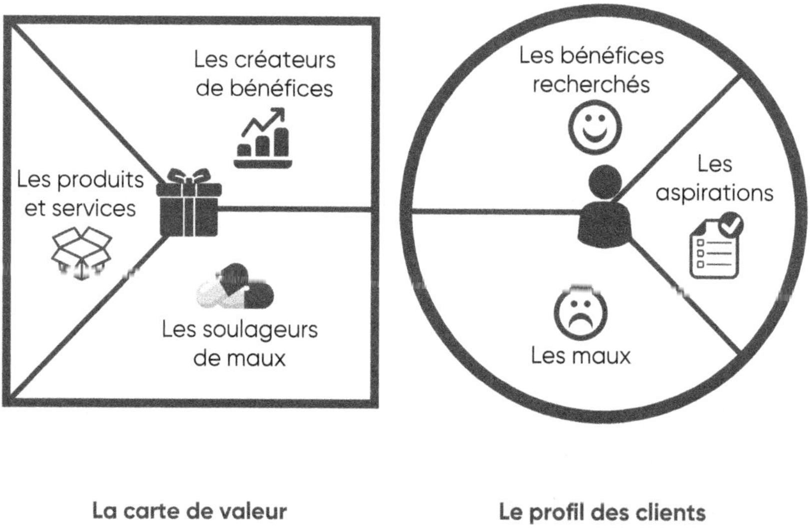

Le modèle le plus classique du* value proposition canvas *(VPC) d'après Strategyzer

Comment utiliser le *value proposition canvas* pour concevoir une formation ?

Suivez ces cinq étapes en vous appuyant sur le template :

1. **Comprendre les apprenants**

   Identifiez les segments d'apprenants cibles pour votre formation. Qui sont-ils ? Quels sont leurs besoins, leurs motivations et leurs objectifs d'apprentissage ? Utilisez le côté droit du template pour noter leurs objectifs, leurs aspirations et leurs préoccupations.

2. **Définir l'offre de formation**

   Présentez la formation que vous proposez pour répondre aux besoins des apprenants. Utilisez le côté gauche du template pour noter les fonctionnalités, les avantages et les valeurs ajoutées de votre formation.

3. **Analyser les correspondances et les incohérences**

   Identifiez les correspondances entre les besoins des apprenants et votre formation. Comment votre formation répond-elle à leurs besoins et résout-elle leurs problèmes ? Identifiez également les éléments qui ne répondent pas entièrement aux besoins des apprenants. Comment pouvez-vous les améliorer ?

4. **Affiner l'offre de formation**

   Utilisez les informations recueillies pour ajuster votre offre de formation. Identifiez les opportunités pour ajouter de nouveaux éléments, améliorer les fonctionnalités existantes ou éliminer les aspects qui ne créent pas de valeur pour les apprenants.

5. **Itérer et tester**

   Faites des itérations sur votre proposition de valeur en fonction des retours de vos tests initiaux. Puis évaluez régulièrement l'efficacité de votre formation et apportez des ajustements en fonction des retours des apprenants.

Voici un exemple d'utilisation du *value proposition canvas* dans le cadre de la création d'une formation sur la thématique du marketing digital destinée à des professionnels du marketing.

L'intérêt de cet outil est de pouvoir travailler en mode collaboratif avec les parties prenantes. Pour cela, organisez un atelier interactif pendant lequel les participants apporteront leurs idées sur le template grâce à des post-it.

Le principe : un post-it par idée, sans limite en nombre de post-it !

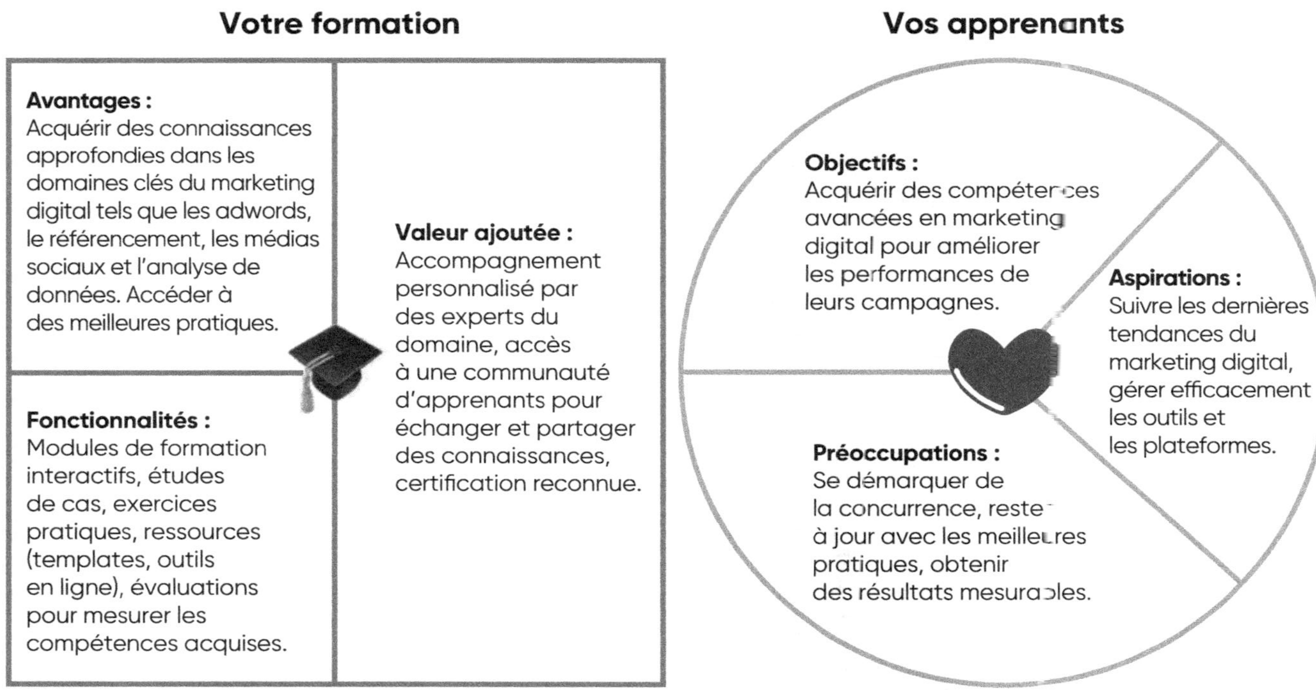

Exemple de **value proposition canvas** *appliqué à la conception d'une formation*

L'ESSENTIEL

- Pour réussir le lancement d'une nouvelle offre de formation, il est essentiel de la considérer comme un produit à promouvoir. Pour cela, on peut adapter les principes des 4P du marketing au contexte de la formation, et créer un mix learning. Vous travaillerez ainsi votre expérience apprenant à 360° pour proposer une formation engageante et mémorable.
- Une expérience learning engageante et de qualité comprend cinq éléments clés : l'émotion, la motivation, l'esthétique visuelle, l'univers sonore et la fluidité de l'expérience.
- Le *value proposition canvas*, un outil marketing, peut être détourné pour concevoir des formations qui répondent aux attentes des apprenants. En vous appuyant sur ce template, vous vous placez du point de vue des apprenants dans l'objectif de proposer une offre de formation adaptée à leurs besoins et ainsi maximiser leur engagement.

Construire un parcours apprenant

Executive summary

- **En marketing, on dit souvent que le client est roi** et que tout doit être fait pour le satisfaire. Car un client satisfait est un client qui revient pour les produits d'une marque et se transforme ensuite en ambassadeur lorsqu'il la recommande à ses proches et à ses connaissances.
- **Un parcours client a un impact positif sur l'engagement du client** lorsqu'il est bien conçu et offre une expérience fluide, personnalisée et satisfaisante à chaque étape du parcours d'achat.
- **Mais pour arriver à un haut niveau d'engagement, il faut travailler le parcours client et l'améliorer constamment.**
- **On peut s'inspirer de cette démarche pour penser le parcours des apprenants** et maximiser leur engagement avec des actions qui améliorent la satisfaction de l'apprenant.

QU'EST-CE QUE L'ENGAGEMENT ?

Tout d'abord, il me semble important de nous attarder sur la définition de l'engagement. Les actions d'un parcours apprenant étant pensées pour maximiser l'engagement des apprenants.

Dans la recherche, il existe une grande diversité de théories sur l'engagement. Dans le domaine de la formation, on retrouve deux notions pour ce concept : celui de l'entrée en formation et celui de l'implication de l'apprenant dans le processus d'apprentissage.

Dans le domaine des applications web, l'engagement a été défini par Simon Attfield, de l'Université du Middlesex de Londres, et ses collaborateurs, comme étant une connexion à la fois émotionnelle, cognitive et comportementale entre un utilisateur et une ressource. Globalement, les chercheurs s'entendent sur le fait que l'engagement recouvre quatre dimensions qui interagissent entre elles :

- La dimension cognitive fait référence à l'investissement intellectuel de l'apprenant, comment va-t-il apprendre, va-t-il prendre des notes, quelles sont ses méthodes d'apprentissage, comment va-t-il gérer son effort ?
- La dimension comportementale va être associée à l'attitude de l'apprenant : va-t-il s'impliquer dans les situations d'apprentissage, participer, va-t-il persévérer pour aller au bout de la formation, s'il y a des classes virtuelles, va-t-il être présent, va-t-il se connecter à la plateforme LMS ?
- La dimension émotionnelle, il s'agit de l'intérêt porté à la formation, la fierté de suivre la formation, l'enthousiasme, etc.
- La dimension sociale va faire référence aux relations avec les autres apprenants, avec l'enseignant ou le formateur, avec l'environnement.

Pourquoi s'engager dans une formation ?

Pourquoi décide-t-on de suivre une formation ? Puis, une fois la formation commencée, pourquoi persévère-t-on malgré les difficultés et les sentiments de découragement qui pourraient survenir ?

Philippe Carré, professeur en Sciences de l'Éducation, a apporté des réponses à ces questions. Selon lui, il y a quatre types de motivations : d'une part, une motivation intrinsèque et une motivation extrinsèque et d'autre part, une motivation vers l'apprentissage et une motivation vers la participation. À partir de ces quatre types de motivations, Philippe Carré observe dix motifs incitant à suivre une formation :

1. pour le plaisir d'apprendre ;
2. pour échanger avec les autres ;
3. pour l'ambiance de la formation ;
4. pour améliorer son salaire, obtenir des avantages économiques ;
5. sur pression ou conseil de la hiérarchie ;
6. pour éviter des situations ou des activités désagréables que ce soit au travail ou dans la vie personnelle ;
7. pour acquérir des compétences améliorant la performance au travail ;
8. pour acquérir des compétences pour des activités en dehors du cadre professionnel, comme les loisirs ou la vie familiale ;
9. pour se valoriser et améliorer son image ;
10. pour acquérir des compétences dans une perspective de développement professionnel et de gestion de carrière.

Il est aussi important de prendre en compte la spécificité des apprenants adultes. Lorsque nous faisons face à un public d'apprenants adultes, nous devons tenir compte de leurs besoins, de leurs freins, de leur passé professionnel et des connaissances déjà acquises. C'est l'art de l'andragogie[1]. Malcolm Knowles, pionnier de l'éducation pour adultes, propose quatre principes à considérer dans toutes formations destinées aux adultes :

- impliquer l'adulte dans son apprentissage, qu'il soit acteur de sa formation ;
- lui proposer des activités d'apprentissage fondées sur l'expérience et le droit à l'erreur ;
- lier les connaissances et compétences enseignées à sa vie professionnelle ou personnelle et faire en sorte qu'elles aient un impact à court terme ;
- axer l'apprentissage sur la résolution de problèmes plutôt que sur un contenu à mémoriser.

La prise en compte de ces caractéristiques est nécessaire à l'engagement de l'apprenant.

POURQUOI LA PLUPART DES DISPOSITIFS DE FORMATION NE SONT PAS EFFICACES ?

Prenons l'exemple d'une nouvelle formation digitale qui est ajoutée à votre catalogue de formations. Que se passe-t-il le plus souvent ?

Cette nouvelle formation traite d'un sujet d'actualité, mais elle passe inaperçue car elle se retrouve noyée au milieu des 50 autres formations proposées dans votre catalogue. Vous avez envoyé un mail complet expliquant tous les détails de votre nouvelle formation, et pourtant, les apprenants sont aux abonnés absents. Votre formation est géniale,

1. L'andragogie est la science de l'éducation et de la formation des adultes, par opposition à la pédagogie qui s'adresse aux enfants.

le sujet passionnant, mais très vite vos apprenants abandonnent, ou prétextent qu'ils n'ont pas le temps de la suivre et ne vont pas au bout !

Quelles sont vos pratiques habituelles lorsque vous lancez une nouvelle formation ? Testez votre communication ici ou retrouvez le test en annexe.

Les pratiques habituelles pour communiquer sur une nouvelle formation

En début d'année 2022, j'ai interrogé une cinquantaine de digital learning managers et responsables formation et je leur ai demandé comment ils faisaient pour capter l'attention des apprenants lors du lancement d'une nouvelle formation.

Voici les pratiques qui sont ressorties de cette étude :

- ils passent plusieurs heures à réaliser un teaser vidéo pour promouvoir la formation (20 %) ;
- ils rédigent une newsletter ou plutôt un e-mail pour présenter les modalités de la formation (20 %) ;
- ils organisent un webinaire de présentation (16 %) ;
- ils communiquent sur le fil info de l'intranet, mais très vite le message disparaît de la page d'accueil (13 %) ;
- ils demandent de l'aide au service communication, mais la plupart du temps ils sont débordés (13 %) ;
- ils envoient une convocation (3 %).

Mais surtout, une fois la formation lancée, plus aucune action n'est menée, il ne se passe plus rien car ce sont des actions de communication isolées et non suivies dans le temps. Communiquer en *one shot* ne suffit pas ! Les actions doivent être intégrées dans un vrai plan de communication pour accompagner l'apprenant pendant tout son parcours de formation.

D'après *360Learning*[2], la moyenne des taux de complétion des formations digitales dépasse rarement les 20 à 30 %. Sans animation pendant le parcours de formation, il n'y aura pas d'action de la part de l'apprenant. Il est donc important d'accompagner l'apprenant pendant tout son parcours de formation.

Agir sur l'ensemble du parcours de formation

En agissant sur l'ensemble du parcours de formation, vous allez pouvoir :

- susciter la curiosité des apprenants ;
- toucher un maximum de potentiels futurs apprenants, en fonction de leurs habitudes et préférences pour augmenter les taux d'inscription ;
- booster la participation de vos apprenants pour qu'ils suivent la formation jusqu'au bout ;
- avoir plus d'apprenants formés et pouvoir développer une culture apprenante au sein de l'entreprise.

Un bon parcours apprenant va créer de la présence et du soutien, pour permettre d'aller au bout du parcours de formation et améliorer les taux de complétion.

2. Plateforme de collaborative learning.

LE PARCOURS APPRENANT, C'EST QUOI ?

Le parcours apprenant s'inspire du parcours client, qui est un ensemble d'étapes par lesquelles passe un client tout au long de sa relation avec une marque. Il désigne le chemin suivi et les actions entreprises par le client entre le moment où il prend conscience de son besoin et celui où il va conclure son achat. Le parcours client comprend également des actions post-achat comme l'avis sur l'utilisation du produit ou du service, ou les interactions avec le support SAV (service après-vente) en cas de problèmes rencontrés avec le produit ou le service.

Huit grandes étapes jalonnent le parcours client : le besoin initial d'un client, la recherche d'un produit ou d'un service pour satisfaire ce besoin, la comparaison des produits et services trouvés, l'achat, l'utilisation du produit ou du service, l'aide du support client si nécessaire, la satisfaction du client et la recommandation du produit ou du service.

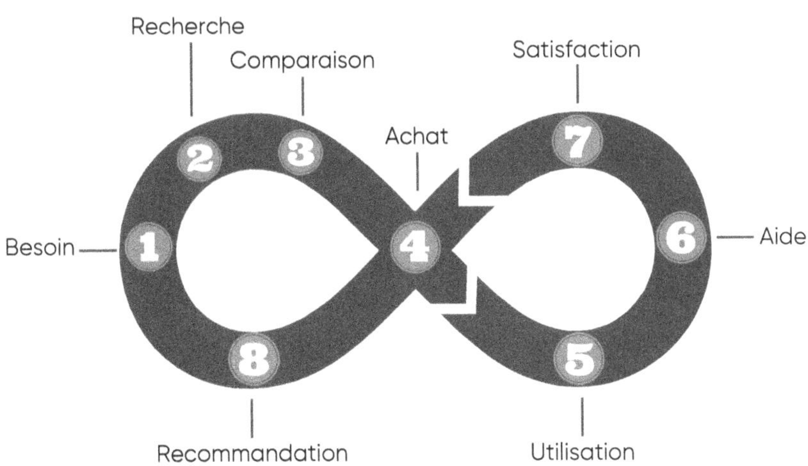

Schéma représentant le parcours client

Appliqué à la formation, il s'agit donc de penser le parcours apprenant comme un parcours global qui prend en compte : l'avant formation ; la formation et l'après formation.

On peut ainsi retenir huit étapes inspirées du parcours client :

1. reconnaissance du besoin d'un apprenant qui souhaite ou doit acquérir une compétence ;
2. recherche d'informations sur les formations disponibles ;
3. comparaison des différentes offres de formation ;
4. inscription à la formation ;
5. accompagnement dans le suivi de la formation ;
6. support pour répondre à l'apprenant s'il a besoin d'aide pendant le déroulement de la formation ;
7. évaluation de la satisfaction et du ressenti par rapport à la formation suivie ;
8. recommandation de l'expérience d'apprentissage.

Prenons un exemple concret pour illustrer. Éline est designer et elle a besoin de se former au design d'espace pour acquérir de nouvelles compétences. Elle souhaite suivre cette formation à distance. Ce sera la 1re étape de notre parcours apprenant : la reconnaissance d'un besoin. Pour trouver une formation qui réponde à son besoin, Éline va rechercher des informations. Elle va consulter différents sites et lire les descriptifs des formations pour voir s'ils correspondent à son besoin.

Pendant la 2e étape, chaque information doit être accessible facilement. Le descriptif de la formation doit être attractif, détailler le contenu du programme, les bénéfices attendus pour qu'Éline puisse se projeter. Chaque information communiquée doit correspondre à un besoin identifié. D'où l'intérêt d'avoir bien défini au préalable son learner persona.

Éline arrive à la 3e étape de notre parcours apprenant, la comparaison. Elle a identifié plusieurs formations qui l'intéressent. Elle va comparer les informations trouvées. Elle va aussi lire les avis des précédents apprenants, se renseigner sur l'organisme de formation ou l'école qui propose ces formations pour l'aider dans son choix.

Dans la 4e étape du parcours apprenant, Éline a choisi la formation qu'elle veut suivre et va l'acheter, car dans notre exemple, Éline finance personnellement sa formation. C'est la phase d'inscription. Cette phase est importante car notre apprenante a choisi d'entamer une relation avec un organisme de formation ou une école, en concrétisant cela par un achat. Tout comme le ferait un client en choisissant une marque. Éline a eu confiance dans les informations qu'elle a trouvées, il ne faut donc pas la décevoir. L'expérience qu'elle va vivre doit correspondre à ce qu'elle a commencé à imaginer.

À la 5e étape, Éline commence à suivre la formation. Elle est motivée et a hâte de participer aux premiers modules. À cette étape, la relation va être basée sur l'accompagnement. Et cela est d'autant plus important si la formation se déroule uniquement en ligne, car les apprenants sont alors seuls devant leur écran. Dans ce cas, le formateur doit réussir à être présent tout en étant à distance. Accompagner l'apprenant est important pour l'orienter, lui permettre de passer à l'action et l'aider à atteindre l'objectif initial qu'il s'est fixé en suivant la formation. Le formateur doit également pouvoir répondre aux interrogations des apprenants dans un délai assez court pour ne pas renforcer le sentiment d'isolement, que ce soit via un tchat, une messagerie instantanée ou par mail. L'important est de veiller à ce que l'apprenant suive la formation, qu'il soit encouragé pour qu'il reste motivé et l'aider en cas de difficultés.

Pendant le déroulement de la formation, il peut y avoir une 6e étape, qui est le SAV de la formation, c'est-à-dire être présent pour répondre à l'apprenant s'il a besoin d'aide. Par exemple : en cas de problème de connexion, de dysfonctionnement de la plateforme LMS, de la perte des identifiants. Cette étape peut survenir à n'importe quel moment : il est donc important d'anticiper des réponses et des solutions à apporter pour limiter la frustration de l'apprenant. Parmi les solutions possibles, on peut proposer une aide interactive en ligne ou un numéro de téléphone. L'apprenant se sentira ainsi en confiance.

Éline a bien suivi toute sa formation et arrive à la 7e étape de notre parcours apprenant, l'évaluation de son expérience. Éline va maintenant pouvoir exprimer son ressenti par rapport à la formation qu'elle vient de suivre. Cette étape est importante car elle sert à évaluer le degré de satisfaction de l'apprenant et permet par la suite d'améliorer en continu le contenu de la formation, sa forme et son organisation. Les réponses recueillies permettront aussi d'identifier d'éventuels dysfonctionnements, de dégager des axes d'amélioration, mais aussi de détecter de nouveaux besoins d'apprentissage.

Enfin, la dernière étape de notre parcours apprenant va être la recommandation. Si Éline a aimé son expérience apprenant, elle va recommander la formation, et l'organisme de formation ou l'école, dans un témoignage vidéo et devenir une ambassadrice. La boucle est alors bouclée, comme dans le schéma du parcours client présenté plus haut. Lorsqu'un autre apprenant recherchera des informations sur la formation qu'a suivie Éline, il tombera sur la vidéo de son témoignage ! Et ce sera le début d'un nouveau parcours apprenant.

CONSTRUIRE CONCRÈTEMENT UN PARCOURS APPRENANT

Construire un parcours apprenant, c'est réfléchir à des actions pour faire en sorte que chaque apprenant se sente considéré de manière individuelle, avec toutes ses particularités, ses freins, ses contraintes, etc.

Tout d'abord, commencez par une étape « d'audit » pour lister les actions que vous mettez déjà en place avant, pendant et après la formation, comme dans cet exemple :

AVANT	PENDANT	APRÈS
Envoi d'un e-mail	Réponses aux messages du forum	Envoi par mail du certificat de réussite

C'EST À VOUS !

Auditez votre parcours apprenant

Listez dans le tableau ci-dessous vos actions habituelles avant, pendant et après la formation :

AVANT	PENDANT	APRÈS
–	–	–
–	–	–
–	–	–
–	–	–

Une fois votre audit réalisé, réfléchissez à la situation dans laquelle se trouve votre apprenant avant le début de sa formation :

- De quoi a-t-il besoin ?
- Quelles sont ses attentes ?
- Quels sont ses éventuels freins ou blocages ?

Grâce à votre learner persona, vous aurez les réponses à ces questions.

Quelles émotions faire vivre à votre apprenant ?

Définissez ces émotions à chaque étape de votre parcours de formation, par exemple :

- avant, vous souhaitez que votre apprenant se sente considéré et pris en charge ;
- pendant, vous souhaitez qu'il se sente accompagné ;
- après, vous souhaitez qu'il se sente fier et valorisé.

Listez les émotions attendues dans le tableau ci-dessous :

AVANT	PENDANT	APRÈS
–	–	–
–	–	–
–	–	–
–	–	–

Quelles actions pour accompagner l'apprenant ?

Après avoir identifié les émotions, définissez maintenant les actions qui vont permettre de les matérialiser.

Par exemple, vous souhaitez que votre apprenant se sente pris en charge individuellement dès le début de la formation, alors envoyez-lui un e-mail de bienvenue personnalisé qui présente l'équipe qui va l'accompagner pendant toute la formation avec les coordonnées de chaque membre de l'équipe. Cela montrera à l'apprenant qu'une personne est toujours prête à répondre à ses questions et préoccupations. Dans le cas d'une formation digitale, vous pouvez y joindre également une vidéo qui présente la plateforme de formation, comment naviguer entre les modules, accéder aux ressources, poser une question, etc.

Listez vos actions dans le tableau ci-dessous :

AVANT	PENDANT	APRÈS
– Émotion : – Action :	– Émotion : – Action :	– Émotion : – Action :
– Émotion : – Action :	– Émotion : – Action :	– Émotion : – Action :
– Émotion : – Action :	– Émotion : – Action :	– Émotion : – Action :

Comment accompagner vos apprenants ?

Avant la formation

En amont de la formation, l'objectif va être de faire connaître le dispositif de formation, lui donner du sens pour recruter les apprenants et atteindre un taux de connexion de 100 % dans le cas d'une formation digitale.

Pour cela, vous pouvez prévoir un processus d'*onboarding*[3] des apprenants avec un mail de bienvenue dans le parcours, personnel et rassurant. Vous pouvez aussi compléter ce message avec une vidéo ou une capsule audio qui présente toutes les informations sur le déroulé de la formation, ou concevoir une vidéo où les managers présentent les objectifs, les bénéfices apportés par le programme, les nouvelles compétences que les apprenants vont acquérir et ce que cela va leur apporter concrètement dans leur quotidien professionnel.

Bien sûr, organisez une campagne de communication avec des affichettes dans les espaces communs, communiquez sur l'intranet, les réseaux sociaux internes, etc. tous les points de contact fréquentés par votre cible d'apprenants. Pour être sûr que votre message soit vu, pensez multicanal ! Dans le cas d'un parcours digital, organisez une classe virtuelle de bienvenue pour lancer la formation, afin que les apprenants se découvrent et fassent connaissance entre eux. C'est important pour commencer à créer du lien.

3. L'*onbarding*, ou embarquement en français, est un ensemble d'actions mises en place pour favoriser l'intégration des nouveaux arrivants au sein d'une entreprise.

Pendant la formation

Pendant la formation, l'objectif va être de motiver l'apprenant, de l'accompagner, de garder le lien et d'éviter le décrochage. Pour cela, vous pouvez imaginer une séquence d'e-mails durant tout le parcours. À chaque module terminé, envoyez un mail de félicitations en y incluant le lien vers le module suivant. Ce peut être aussi sous la forme d'un SMS. Il existe aujourd'hui de nombreux logiciels d'envoi de SMS en masse. En fonction des plateformes, le prix unitaire d'envoi varie de 0,04 € pour un SMS à 0,25 € pour un MMS (SMS avec image).

Vous pouvez aussi mettre à disposition une FAQ, ou foire aux questions, facilement accessible qui apportera les réponses aux questions les plus fréquemment posées. Cette FAQ peut être proposée sous la forme d'un chatbot[4], souvent utilisé sur les sites e-commerce. N'oubliez pas d'indiquer clairement le contact d'un interlocuteur si les apprenants ont des interrogations auxquelles ils n'ont pas trouvé de réponse.

Pour que les apprenants puissent échanger entre eux, et poser leurs questions, vous pouvez mettre en place un forum ou une messagerie instantanée comme *WhatsApp*. C'est également un très bon moyen de poser les bases d'une communauté apprenante. Beaucoup de plateformes LMS proposent des fonctionnalités de social learning. Mais attention, dans ce cas, il faut absolument animer régulièrement la communauté. Pour cela, définissez des sessions dédiées à cette animation dans votre agenda.

Le formateur peut aussi proposer des points hebdomadaires ou mensuels avec les apprenants afin de garder un contact avec eux. Pendant ces plages horaires, le formateur est alors à l'écoute des apprenants qui pourront lui poser des questions, faire part des problèmes qu'ils rencontrent dans la formation ou demander un éclaircissement sur un point en particulier.

4. Un chatbot ou agent conversationnel, est un programme informatique qui simule une conversation humaine.

Pour aller plus loin sur la construction et l'animation d'une communauté d'apprenants, vous pouvez écouter l'épisode #42 du podcast *Learn & Enjoy* avec Émilie Renaud intitulé : « Construire et animer une communauté d'apprenants ».

Après la formation

Après la formation, l'objectif va être de féliciter et de valoriser l'apprenant. On parle aussi d'*offboarding*. L'*offboarding* est la manière dont les entreprises accompagnent le départ volontaire de leurs salariés. Appliqué à la formation, il est la phase qui va clore la formation, le moment où l'apprenant a terminé son parcours.

Cette phase est très importante pour que l'apprenant ait une bonne dernière impression de son parcours et qu'il le recommande par la suite. L'*offboarding* est le moment où vous allez féliciter et valoriser l'apprenant et surtout faire en sorte que l'apprenant ne se sente pas délaissé. Pour cela, récompensez les apprenants avec un certificat ou un badge. Obtenir un certificat ou un badge est un facteur de motivation important pour certains apprenants. Et aujourd'hui, on peut très facilement créer des *Open Badges*. Envoyez également un mail de remerciement, offrez un petit cadeau comme un carnet et un stylo.

Encouragez les apprenants à témoigner sur leur expérience pendant ce parcours de formation au travers d'une vidéo ou d'une capsule audio. Ils pourront raconter leur parcours, les bénéfices qu'ils en ont retirés, leur satisfaction et vous pourrez ensuite partager ces témoignages sur les réseaux sociaux ou le site intranet de votre entreprise pour inciter d'autres apprenants à suivre la formation.

On peut également, à l'image des clubs de fidélité, mettre en place des communautés d'apprenants pour créer un lien d'appartenance via un réseau social par exemple ou un espace collaboratif. Ces lieux d'échanges virtuels vont permettre de garder le lien entre les apprenants au-delà de la formation. Les apprenants se sentiront alors toujours accompagnés après la fin de la formation, ils se sentiront impliqués et n'hésiteront donc pas à parler de cette super formation qu'ils ont suivie.

Pour en savoir plus sur les Open Badges, vous pouvez écouter l'épisode #51 du podcast *Learn & Enjoy* avec Luca Bisognin intitulé : « Les Open Badges, c'est quoi ? ».

Les clés d'un parcours apprenant engageant

- Créez votre parcours apprenant en vous mettant dans la peau d'un apprenant.
- Quelles seraient vos attentes, quelle expérience souhaiteriez-vous vivre ?
- Notez toutes vos idées, puis ne gardez que ce qui accompagnera réellement l'apprenant. Ne le noyez pas sous un flux d'informations ou d'actions, ce serait contre-productif.

C'EST À VOUS !

Formalisez votre parcours apprenant

Enfin, pour formaliser votre parcours apprenant, créez un tableau avec trois colonnes : la 1re colonne pour l'avant formation, la 2e pour le pendant et la 3e pour l'après. Puis, prévoyez une ligne pour chaque point de contact et notez les actions prévues, comme dans cet exemple :

	AVANT	PENDANT	APRÈS
	Faire connaître le dispositif de formation et inciter à s'inscrire	Motiver l'apprenant, l'accompagner, garder le lien	Féliciter et valoriser
Actions			
E-mail	Présentation du dispositif aux apprenants ciblés		Remerciements accompagnés d'un certificat
Newsletter du service Formation	Annonce lancement du dispositif avec quiz pour se tester		Présentation du podium des meilleurs scores
Réseau social	Mise en avant du dispositif avec un teaser vidéo	Partage de photos d'apprenants	Témoignages vidéo ou audio
Intranet	Bandeau d'information		
LMS	Lors de l'inscription : Mail de bienvenue avec tutoriel vidéo pour découvrir le fonctionnement de la plateforme	Notifications Push à la fin de chaque module Mise à disposition d'une FAQ Permanence live sur un tchat	Verbatims d'apprenants Partage des progressions

Une fois, votre parcours construit et mis en place, vous allez ensuite le tester et recueillir les feed-back des apprenants pour pouvoir analyser et améliorer les actions. C'est ce que nous verrons dans la 6e étape.

FACILITER LE PASSAGE À L'ACTION DES APPRENANTS

Les sciences comportementales permettent de mieux comprendre les mécanismes de décisions des individus, leurs attentes ou leurs pratiques. Dans un contexte de formation, les apports des sciences comportementales peuvent être un appui efficace pour aider les apprenants à passer à l'action. Ainsi, la théorie du *nudge* et le modèle de Fogg sont des modèles comportementaux qui peuvent favoriser l'engagement, la fidélisation et la rétention des apprenants.

Les nudges

Le concept de *nudge* a été popularisé par le livre intitulé *Nudge : Improving Decisions About Health, Wealth, and Happiness* écrit par Richard H. Thaler, économiste, et Cass R. Sunstein, juriste, en 2008. On peut traduire littéralement « *nudge* » par « coup de pouce » en français. Utilisé en marketing, le *nudge* est un processus de communication qui cherche à inciter subtilement le consommateur à modifier son comportement en s'appuyant sur ses biais cognitifs et en utilisant l'environnement qui l'entoure. Il s'agit de marketing incitatif. Dans une stratégie de vente, le *nudge* marketing influence le comportement du consommateur pour l'orienter dans le parcours client vers la direction souhaitée par une marque, en faisant appel aux sens et aux émotions des clients. Un *nudge* fonctionne en exploitant les biais cognitifs et émotionnels qui influencent nos prises de décision. Contrairement aux incitations directes ou aux contraintes coercitives, il ne restreint pas la liberté de choix des individus. Au lieu de cela, il guide subtilement leur comportement dans une direction souhaitée, tout en leur permettant de maintenir leur libre arbitre. Les *nudges* peuvent prendre de nombreuses formes, allant des rappels et encouragements simples aux modifications visuelles subtiles de l'environnement qui facilitent un comportement spécifique. L'objectif est de rendre le choix souhaitable plus facilement accessible ou de fournir des informations qui aident à prendre une décision bénéfique.

L'exemple de *nudge* le plus connu et souvent cité est celui des mouches peintes dans les urinoirs des toilettes pour hommes à l'aéroport d'Amsterdam-Schiphol. Cette initiative a été mise en place pour résoudre un problème courant dans les toilettes masculines : les éclaboussures d'urine sur le sol et les murs, ce qui entraînait des problèmes d'hygiène et de nettoyage fréquents. En peignant une petite mouche près du trou de la cible dans les urinoirs, les concepteurs ont remarqué un changement significatif de comportement chez les hommes. La simple présence de la mouche s'est avérée être un *nudge* efficace pour inciter les hommes à viser plus précisément et à réduire les éclaboussures. En exploitant le biais de l'attention masculine et le désir d'atteindre une cible, cette intervention a réussi à changer les comportements sans aucune contrainte. Cet exemple illustre comment un *nudge* peut être utilisé pour modifier un comportement indésirable en rendant l'option souhaitée plus attirante, sans restreindre le choix des personnes. L'idée est de rendre le comportement souhaité plus facile, plus visible et plus attractif, ce qui incite naturellement à l'adopter.

Les principaux leviers des *nudges*

Les *nudges* peuvent prendre différentes formes et être appliqués dans de nombreux contextes. Voici quelques-uns des principaux leviers utilisés dans les *nudges*.

- **Biais de l'attention** : les *nudges* exploitent le fait que notre attention est souvent attirée par certains éléments de notre environnement. En dirigeant l'attention vers un choix particulier, un *nudge* peut rendre cette option plus visible et plus susceptible d'être choisie.
    - Exemple : dans les supermarchés, placer des produits populaires ou en promotion à des endroits stratégiques pour attirer l'attention des clients et augmenter les chances d'achat impulsif.

- **Biais de confirmation** : les *nudge*s peuvent renforcer les croyances ou les préférences existantes en fournissant des informations qui confirment ces choix. Par exemple, en indiquant que la majorité des personnes choisissent une option particulière, un *nudge* exploite le biais de conformité sociale, ce qui incite à faire de même.
  - Exemple : sur les sites de voyage, afficher des avis positifs d'autres voyageurs renforce la confiance des consommateurs et les incite à réserver.
- **Biais de disponibilité** : les *nudge*s s'appuient sur notre tendance à prendre des décisions basées sur des informations facilement accessibles. En rendant certaines options plus visibles ou en les mettant en évidence, un *nudge* peut influencer.
  - Exemple : dans les menus au restaurant, mettre en évidence les plats les plus choisis ou les plus recommandés pour aider les clients à prendre une décision, en se basant sur la popularité des choix.
- **Biais de la facilité** : les *nudge*s visent à rendre les choix souhaités plus faciles et plus accessibles. En éliminant les obstacles ou en simplifiant les étapes nécessaires pour réaliser une action, un *nudge* encourage à choisir l'option qui demande le moins d'efforts.
  - Exemple : proposer des options de paiement en un clic sur les sites d'e-commerce pour simplifier le processus d'achat et encourager les clients à finaliser leurs transactions rapidement.
- **Biais de réciprocité** : les *nudge*s peuvent également exploiter le sentiment de réciprocité chez les personnes. Par exemple, en offrant une petite récompense ou une reconnaissance, un *nudge* encourage à agir.
  - Exemple : offrir des échantillons gratuits de produits pour inciter les consommateurs à essayer un nouveau produit et, en retour, encourager l'achat du produit par la suite.

- **Biais de l'engagement** : les *nudges* peuvent capitaliser sur notre désir de cohérence en encourageant à prendre un engagement, à adopter un certain comportement. Une fois engagés, nous aurons alors tendance à suivre cette voie, même si les actions ultérieures peuvent nécessiter un peu plus d'efforts.
  - Exemple : proposer des essais gratuits de services en ligne pour encourager les utilisateurs à s'engager dans une expérience d'utilisation et à se familiariser avec les fonctionnalités avant de passer à un abonnement payant.
- **Biais de l'émotion** : les *nudges* peuvent utiliser les émotions pour influencer les choix. En suscitant des émotions positives ou en jouant sur les peurs ou les inquiétudes, un *nudge* peut motiver à agir d'une manière particulière.
  - Exemple : utiliser des publicités qui évoquent des émotions positives, comme la joie ou la satisfaction, pour créer une association émotionnelle avec un produit ou une marque.

Ces différents exemples illustrent comment les *nudges* fonctionnent et agissent sur nos émotions : en s'appuyant sur nos biais cognitifs pour guider vers un comportement souhaité sans contrainte ni coercition. En s'inspirant de ces pratiques, les *nudges* peuvent également favoriser l'engagement des apprenants en leur proposant un coup de pouce incitatif pour passer de l'intention de se former à l'action de s'inscrire puis à s'engager dans l'apprentissage.

Pourquoi utiliser des *nudges* pour favoriser l'engagement ?

L'utilisation de *nudges* peut être efficace pour inciter à s'inscrire à une formation puis à suivre en totalité le parcours. En effet, les *nudges* vont permettre de :

- **capter l'attention** : en créant un sentiment d'urgence, ils vont susciter la curiosité et motiver les apprenants à en savoir plus ;
- **renforcer la motivation** : en proposant des récompenses et en mettant en évidence les bénéfices de la formation, ils vont encourager les apprenants à persévérer et à suivre en totalité la formation ;
- **faciliter l'action** : en guidant les apprenants avec des indications claires et des appels à l'action précis, ils vont faciliter le passage à l'action, comme passer au module suivant ;
- **entretenir l'engagement** : en proposant des rappels réguliers, des défis, des incitations, ils vont maintenir l'attention et l'intérêt des apprenants pendant tout le parcours ;
- **favoriser l'appartenance à une communauté** : en mettant en avant des témoignages, des réussites, en favorisant les interactions sociales, ils vont créer un sentiment d'appartenance à une communauté d'apprentissage ;
- **renforcer la confiance** : grâce aux témoignages, aux évaluations positives ou aux certifications proposées, ils vont renforcer la confiance des apprenants dans la qualité et la pertinence de la formation.

Voici quelques exemples de *nudges* pouvant être intégrés dans un parcours apprenant.

AVANT LA FORMATION	PENDANT LA FORMATION	APRÈS LA FORMATION
Renforcer la confiance : envoi d'un e-mail pour promouvoir la formation intégrant des témoignages vidéo d'anciens apprenants mettant en avant les bénéfices de la formation.	Renforcer la motivation : organiser des concours ou des challenges pour inciter les apprenants à suivre la formation et à partager leurs réalisations.	Renforcer la motivation : délivrer un certificat aux apprenants qui ont terminé avec succès la formation.
Capter l'attention : diffuser un teaser vidéo ou un extrait du contenu de la formation avec des appels à l'action du style « Découvrez les secrets de réussite des Managers » ou « Devenez un as de PowerPoint ».	Entretenir l'engagement : envoyer des rappels réguliers par e-mail pour encourager les apprenants à poursuivre la formation et à ne pas abandonner en incluant des taux de réussite.	Favoriser l'appartenance à une communauté : recueillir des témoignages d'apprenants sur leur expérience de formation et les résultats obtenus puis mettre en avant les témoignages les plus convaincants sur les réseaux sociaux.

Ces exemples d'actions illustrent comment les *nudges* peuvent être utilisés pour accompagner les apprenants pendant tout leur parcours de formation.

3 Clés de succès d'un nudge

- Être subtil : les *nudges* sont plus efficaces lorsqu'ils sont discrets et non contraignants.
- Personnalisés : les *nudges* sont plus pertinents lorsqu'ils tiennent compte des caractéristiques et des motivations des apprenants.
- Être transparent : pour éviter toute manipulation, les *nudges* ne doivent rien dissimuler et ne pas être mensongers.

Pour en savoir plus sur les *nudges*, vous pouvez écouter l'épisode #27 du podcast *Learn & Enjoy* avec Étienne Bressoud intitulé : « Le *nudge* pour mieux apprendre ».

Le modèle de Fogg

Le modèle de Fogg est un cadre théorique publié en 2009 qui sert à analyser le comportement humain pour concevoir des produits et des services visant à encourager les comportements souhaités. C'est un modèle très souvent utilisé en UX Design et en gamification. Il est largement utilisé dans le domaine du design comportemental et du marketing pour concevoir des interfaces qui incitent les consommateurs à adopter les comportements voulus.

Selon Brian Jeffrey Fogg, chercheur en psychologie, spécialiste du design comportemental et directeur du « Stanford Behavior Design Lab » de l'université de Stanford, trois ingrédients sont nécessaires pour passer à l'action : la motivation, la capacité à effectuer l'action et un déclencheur. Si l'un de ces trois éléments vient à manquer, le comportement attendu n'a pas lieu.

Le modèle de Fogg permet de prendre en compte les facteurs qui influencent le comportement des apprenants. Il va aider à comprendre leurs motivations, les obstacles potentiels auxquels ils sont confrontés et les déclencheurs qui peuvent les inciter à agir.

En vous appuyant sur le modèle de Fogg, vous pouvez adopter une approche centrée sur le comportement des apprenants. Cela vous permettra de concevoir des parcours apprenants plus efficaces, d'augmenter les taux d'inscription de votre programme de formation et d'améliorer l'engagement des apprenants.

La motivation

Fogg propose trois types de motivateurs pour qualifier la motivation :

- la sensation de plaisir ou de douleur ;
- l'anticipation de crainte ou d'espérance ;
- l'appartenance sociale avec l'acceptation ou le rejet.

Comment prendre en compte ces motivateurs dans le cadre d'une formation ?

Par exemple, on va retrouver la satisfaction et le plaisir d'apprendre avec le sens donné au parcours de formation, d'où l'importance de bien présenter ce parcours, les bénéfices apportés par le programme et les nouvelles compétences que l'apprenant va acquérir. Pour l'anticipation de crainte, l'apprenant peut craindre de ne pas arriver à suivre la formation parce qu'il n'est pas assez disponible. Il va donc falloir le rassurer sur le déroulement du programme, lui expliquer les différentes étapes et le temps estimé nécessaire à consacrer à chaque étape dans le processus d'*onboarding* avec un mail, une vidéo ou une capsule audio. Pour l'appartenance sociale, l'apprenant peut rechercher une reconnaissance en suivant la formation. On peut donc prévoir, par exemple, de délivrer à la fin du parcours un diplôme, une attestation d'acquisition de compétences ou un *open badge* à afficher sur son profil LinkedIn. Comprendre les facteurs de motivations des apprenants va donc vous permettre de réfléchir à des actions plus efficaces pour encourager leur engagement et favoriser leur progression dans un parcours de formation.

La capacité à effectuer l'action

Pour Fogg, cette capacité peut être entravée par six grands freins : le temps, l'argent, l'effort intellectuel, l'effort physique, la déviance sociale et le côté inhabituel de l'action. Comment lever ces freins dans le cadre d'une formation ?

- **Le temps** : les collaborateurs ont de moins en moins de temps pour se former, alors préférez proposer des sessions de formation courtes et régulières de 5 à 10 minutes plutôt qu'un seul module d'une heure.
- **L'argent** : est-ce que l'apprenant va financer personnellement sa formation ou est-elle prise en charge par le CPF ? Ce sont des points à prendre en compte pour un organisme de formation. En entreprise, il y a de fortes chances que la formation soit prise en charge par l'employeur.
- **L'effort intellectuel** : rassurez l'apprenant sur la quantité de travail à fournir pendant le parcours de formation, pendant la formation mais aussi en dehors dans le cas de travaux personnels, car si l'apprenant pense que l'effort intellectuel à fournir est trop important, il risque de ne pas s'engager dans ce programme.
- **L'effort physique** : dans le cas d'une formation digitale, on peut prendre en compte l'accessibilité du contenu de la formation, s'assurer qu'il « fonctionne » aussi bien sur un PC qu'un smartphone pour ne pas bloquer l'apprenant. Pour cela, il est important de bien penser à intégrer les principes du responsive design lors de la création du contenu. De même, l'accès à la formation doit être facile, grâce à un parcours simplifié au sein

de la plateforme d'apprentissage pour atteindre rapidement le module à suivre.

- **La déviance sociale** : elle se produit lorsque le comportement attendu ou désiré va à l'encontre des normes ou des attentes sociales qui sont perçues. Par exemple, l'apprenant n'a pas envie d'avoir l'impression d'être le seul à suivre une formation, il a besoin de sentir qu'il fait partie d'un groupe et de s'identifier à d'autres apprenants, d'où l'importance de mettre en place une présence sur un tchat, un forum ou une messagerie instantanée. Les apprenants pourront alors poser leurs questions et échanger entre eux sur un espace identifié et dédié. Pour favoriser ce sentiment d'appartenance, il est également possible de créer une communauté d'apprentissage via un canal *Teams* ou un serveur comme *Discord*, ou d'utiliser les fonctionnalités sociales de votre LMS.
- **Le caractère inhabituel de l'action** : une action inhabituelle peut susciter une certaine résistance, par exemple, si un apprenant n'a pas l'habitude d'utiliser un smartphone, lui proposer une formation en mobile learning va lui demander un effort supplémentaire. Pour le rassurer, il est préférable que le parcours se déroule sur des outils qu'il a l'habitude d'utiliser.

Ces différents freins peuvent créer des obstacles psychologiques, émotionnels ou pratiques qui vont limiter la probabilité qu'un apprenant passe à l'action. C'est pourquoi pour lever ces différents freins, il est important de bien connaître ses apprenants et leurs habitudes en définissant des learner personas, comme nous l'avons vu dans la deuxième étape.

Le déclencheur

Un déclencheur, ou *trigger*, c'est un appel à l'action. Quels peuvent être ces déclencheurs dans le cadre d'une formation ? Cela peut être un mail, une notification, la demande de son supérieur, le témoignage d'un collègue, l'envie de progresser dans son poste, etc.

Lors du travail sur les learner personas, pour identifier les déclencheurs des apprenants, vous pouvez utiliser la technique des « 5 pourquoi » ou « 5 *why* » en anglais. Vous posez la question « Pourquoi vous formez-vous ? » et vous relancez en reposant la question « Pourquoi ? » cinq fois. Cette méthode a été créée par Sakichi Toyoda, fondateur de *Toyota*. Il utilisait cette logique à chaque fois que la marque rencontrait un problème de fabrication. En appliquant ce questionnement, vous récolterez des feed-back précieux sur les déclencheurs pour pouvoir ensuite agir dessus. Vous constaterez aussi qu'il y aura sans doute beaucoup de déclencheurs négatifs, comme la peur de l'obsolescence des compétences.

L'équation du modèle de Fogg

Le modèle de Fogg repose sur une équation simple : **B = MAT**, où :

- B, *Behavior* (comportement), représente le comportement souhaité que l'on veut encourager ;
- M, *Motivation* (motivation), représente la motivation, c'est-à-dire le degré de désir ou d'envie d'effectuer le comportement ;
- A, *Ability* (capacité), représente l'aptitude, qui fait référence à la capacité ou aux compétences nécessaires pour être capable de réaliser le comportement ;
- T, *Trigger* (déclencheur), représente les déclencheurs, c'est-à-dire les facteurs qui incitent ou déclenchent le comportement.

Pour influencer le comportement, il est possible d'agir sur l'un ou plusieurs de ces trois éléments. Par exemple, on peut augmenter la motivation en mettant en avant les avantages ou en créant un sentiment d'urgence. On peut renforcer l'aptitude en fournissant des informations complémentaires, des ressources ou des outils. On peut aussi utiliser des déclencheurs tels que des rappels, des incitations ou des éléments visuels pour encourager le comportement souhaité. L'intérêt de ce modèle est qu'il montre également que l'on peut négocier entre les paramètres pour favoriser l'action. En effet, ce modèle est une courbe en hyperbole où on retrouve en abscisse la capacité et en ordonnée la motivation.

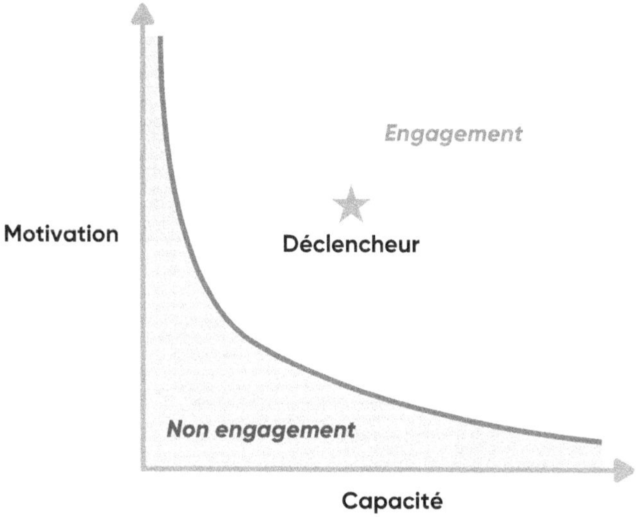

Le modèle de Fogg

Selon le niveau de motivation et de capacité, les déclencheurs nécessaires sont différents. Si la motivation est faible, et la capacité moyenne, alors il y a besoin d'un déclencheur fort, comme l'obtention d'un diplôme. Ainsi en analysant les motivations et les freins de vos apprenants, grâce aux learner personas, vous pourrez mettre en place des déclencheurs adaptés pour accompagner l'apprenant dans son parcours de formation et favoriser son engagement. Voyons comment appliquer le modèle de Fogg pour encourager l'inscription des apprenants à un parcours de formation, en répondant aux trois éléments clés du modèle.

COMPORTEMENT SOUHAITÉ : B = ENCOURAGER L'INSCRIPTION DES APPRENANTS À UN PARCOURS DE FORMATION		
Application du modèle		**Actions possibles**
M : motivation	Quels sont les facteurs de motivation qui vont inciter les apprenants à s'inscrire au programme de formation ? Exemples : acquisition de nouvelles compétences, amélioration des perspectives de carrière, obtention d'une certification reconnue	Proposer un certificat de fin de formation Proposer des témoignages d'apprenants qui ont suivi la formation et qui ont évolué dans leur carrière
A : aptitude	Quels sont les obstacles potentiels à l'inscription ? Exemples : des incertitudes quant aux bénéfices réels, des contraintes de temps, non à l'aise avec le digital	Offrir une période d'essai gratuite ou une garantie de satisfaction pour réduire les inquiétudes des apprenants quant à la qualité de la formation et ses bénéfices Offrir une assistance en direct pour répondre aux questions rapidement Proposer un tutoriel présentant le fonctionnement de la plateforme d'apprentissage
T : déclencheurs	Quels sont les déclencheurs qui peuvent inciter les apprenants à passer à l'action et à s'inscrire ?	Envoi de rappels réguliers par e-mails Proposer une offre spéciale limitée dans le temps comme l'accès à un bonus Mettre en avant des témoignages d'anciens apprenants qui sont satisfaits de la formation

Vous pouvez bien entendu adapter et personnaliser les étapes en fonction de votre contexte de formation. En recherchant des idées et des solutions concrètes pour chaque élément du modèle et en vous référant à votre learner persona, vous concevrez un parcours d'inscription complet et cohérent tout en étant plus efficace et incitatif. L'objectif étant de prendre en compte les différents aspects de la motivation, de surmonter les obstacles potentiels et d'activer les bons déclencheurs.

Le concept de *nudge* que nous avons vu précédemment est étroitement lié au modèle de Fogg. En effet, les *nudges* sont des incitations subtiles et indirectes qui visent à influencer les choix et les comportements. Ainsi, intégrer des *nudges* à chaque élément du modèle de Fogg permettra d'en renforcer l'impact en simplifiant les actions et en rendant les comportements souhaités plus faciles à réaliser.

C'EST À VOUS !

Construisez votre parcours apprenant pour l'une de vos formations

Grâce au tableau ci-après, réfléchissez à votre parcours apprenant en vous aidant des principes du modèle de Fogg et en utilisant des *nudges* pour encourager l'inscription des apprenants et favoriser leur engagement tout au long du parcours.
Indiquez également quels canaux de communication seront utilisés.
Rappelez-vous les émotions que vous souhaitez faire vivre à l'apprenant pour chaque étape. Pour cet exercice, identifiez un seul comportement souhaité pour chaque étape.

AVANT LA FORMATION	PENDANT LA FORMATION	APRÈS LA FORMATION
Faire connaître le dispositif de formation et inciter à s'inscrire	**Motiver l'apprenant, l'accompagner, garder le lien**	**Féliciter et valoriser**
Comportement souhaité : –	Comportement souhaité : –	Comportement souhaité : –
Facteurs de motivations : – – –	Facteurs de motivations : – – –	Facteurs de motivations : – – –
Obstacles potentiels : – – –	Obstacles potentiels : – – –	Obstacles potentiels : – – –
Déclencheurs : – – –	Déclencheurs : – – –	Déclencheurs : – – –
Canaux de communication : – – –	Canaux de communication : – – –	Canaux de communication : – – –

Vous pouvez bien sûr réfléchir à plusieurs comportements souhaités pour chaque étape, pour cela, je vous recommande d'utiliser un tableau par étapes (pour l'avant, le pendant et l'après) et d'identifier pour chaque étape les différents comportements souhaités puis d'appliquer le modèle.

L'ESSENTIEL

- L'engagement en formation englobe des dimensions cognitives, comportementales, émotionnelles et sociales, et peut être favorisé par la conception d'un parcours qui répond aux besoins des apprenants.
- Le parcours apprenant est un concept inspiré du parcours client, qui englobe les différentes étapes de la formation, depuis la reconnaissance du besoin jusqu'à la recommandation de l'expérience, en passant par la recherche, l'inscription, l'accompagnement, l'évaluation et l'assistance, afin d'optimiser l'engagement et la satisfaction des apprenants.
- Pour construire un parcours apprenant engageant, les apports des sciences comportementales, et plus particulièrement les *nudges* et le modèle de Fogg, peuvent être un appui efficace pour aider les apprenants à passer à l'action, afin de favoriser leur engagement dans un parcours de formation.

Construire un plan de communication

Executive summary

- **Un plan de communication est un document opérationnel** qui définit les objectifs, les messages clés, les canaux de communication et les actions nécessaires pour atteindre un public cible donné.
- **C'est un outil essentiel pour veiller à ce que les messages soient cohérents**, ciblés et efficaces pour atteindre les objectifs fixés.

QU'EST-CE QU'UN PLAN DE COMMUNICATION ?

Un plan de communication est la synthèse de l'ensemble des actions prévues pour promouvoir la formation et accompagner l'apprenant. C'est une feuille de route.

Pour être efficace, le plan de communication va s'aligner sur les différentes étapes du parcours apprenant. Il va également prendre en compte d'autres cibles importantes pour promouvoir efficacement votre formation. Ce document va donc reprendre l'ensemble des cibles, les messages clés adressés à chaque cible, les canaux de diffusion utilisés et les supports nécessaires pour atteindre les objectifs définis, comme atteindre un taux de 85 % d'accès à la formation et un taux de 90 % de complétion.

Pour la construction du plan de communication, il y a cinq questions importantes à se poser.

1. Quels sont mes objectifs ?

Pour un service formation interne à l'entreprise, vous vous adressez à une cible interne, dans ce cas, appuyez-vous sur les valeurs de l'entreprise, le sentiment d'appartenance et cherchez à valoriser l'importance de la formation pour le développement des compétences et l'évolution professionnelle.

Pour un organisme de formation, ou un formateur indépendant, vous vous adressez à une cible externe, dans ce cas, mettez en avant votre singularité et vos spécificités dans la proposition de votre formation.

2. À qui vais-je m'adresser ?

Une cible en interne : quels salariés sont concernés, les managers, la direction, etc.

Une cible en externe : des clients, des prescripteurs, etc.

3. Quels sont les canaux les mieux adaptés pour communiquer auprès de chaque cible ?

Une fois vos cibles définies, réfléchissez à la façon de communiquer avec elles, quels sont leurs canaux de communication privilégiés, comment les atteindre ? Par exemple, pour les collaborateurs d'une entreprise : la salle de pause, l'intranet, les réseaux sociaux internes, le journal interne, la boîte mail, le hall d'accueil, etc.

4. Quels supports de communication seront les mieux adaptés pour communiquer sur ces canaux ?

Est-ce une vidéo teaser, un podcast, une newsletter, des affiches, un stand évènementiel, etc. ?

5. Quels sont mes indicateurs ou KPI's (Key Performance Indicator) ?

Les KPI vont vous permettre de mesurer l'efficacité de vos actions de communication. Pour chaque action, définissez un KPI. Par exemple, si vous envoyez une newsletter, vous chercherez à mesurer son taux d'ouverture, pour un post sur le réseau social de l'entreprise, vous regarderez le nombre de vues. Soyez créatifs, tous les moyens sont bons pour attirer l'attention de vos apprenants ! Et surtout pensez multicanal pour maximiser les chances de diffusion de votre message.

Pour formaliser votre plan de communication, vous pouvez tout simplement créer un tableau avec Excel en indiquant en colonne vos cibles, vos objectifs, votre message clé, le canal utilisé, le support, la date d'action, le responsable de la mise en œuvre, les KPI à atteindre et les résultats. Prévoyez une ligne pour chaque action prévue. Pour illustrer, voici en exemple, l'une de mes actions de promotion lorsqu'un nouvel épisode de mon podcast est publié.

Cibles	Objectifs	Message clé	Canal	Support	Date	Qui fait ?	KPI	Résultats
Abonnés à la newsletter	Annoncer la sortie d'un nouvel épisode	Thème de l'épisode	E-mail	Une newsletter	Le jour de la sortie d'un nouvel épisode	Anne-Marie	Atteindre 30 % de taux d'ouverture et 100 écoutes	Taux d'ouverture : 50 %

Exemple de plan de communication

Le plan de communication concerne l'avant, le pendant et l'après formation. Grâce à une bonne communication, il est possible d'augmenter significativement les taux de complétion des formations. Si vous débutez, ne cherchez pas à créer beaucoup d'actions et de supports. Essayez de commencer « petit » avec, par exemple, une action avant, une action pendant et une action après la formation. Puis au fur et à mesure vous étofferez votre plan de communication.

Support de communication vs canal de communication

On a souvent tendance à confondre un support de communication et un canal de communication. C'est important de bien faire la distinction entre les deux, bien qu'ils soient étroitement liés.
Le support de communication correspond au moyen par lequel peut être délivré un message de l'émetteur vers sa cible : une newsletter, des flyers, un podcast, un article dans un journal interne, un post sur un réseau social, etc.
Un canal de communication correspond aux « voies » empruntées pour transmettre votre message à votre cible : l'e-mail, la presse interne ou externe, l'intranet, les réseaux sociaux, etc.
C'est grâce à vos personas que vous allez pouvoir identifier les bons canaux et les bons supports pour communiquer avec vos apprenants.

IDENTIFIER LES RELAIS DE SA COMMUNICATION

Il est important de mobiliser toutes les personnes qui peuvent être des relais dans la diffusion de l'information mais qui peuvent également accéder à un feed-back pour s'assurer que les messages diffusés soient connus et compris. Dans l'entreprise, un grand nombre d'acteurs recueillent l'information, la mettent en forme et la diffusent :

- la direction ;
- le management ;
- les managers de proximité ;
- les équipes ressources humaines ;
- les équipes communication ;
- les collaborateurs.

Ce sont tous potentiellement des relais. Parmi ceux-ci, vous pourrez identifier des sponsors et des ambassadeurs sur lesquels vous appuyer plus particulièrement pour relayer vos messages.

Le sponsor

Un sponsor interne est un membre de l'entreprise qui est en mesure d'aider à la réussite du lancement d'une nouvelle formation. Il va être le porte-parole de votre nouvelle offre de formation, pour faire adhérer ou fédérer. Le plus souvent, le sponsor a un niveau hiérarchique élevé, souvent membre du Comité de Direction, ou manager. Au sein de l'entreprise, de nouveaux acteurs peuvent également jouer ce rôle, comme les directions de l'innovation ou de la transformation, dont le principal enjeu est la mobilisation de toutes les équipes en interne. Pour certains projets, ou dans de grandes entreprises, où l'organisation est complexe, et où il peut parfois exister des luttes de pouvoir, le sponsor interne peut faciliter (voire imposer) la collaboration entre certains membres, certaines équipes ou départements.

Conseil : *Appuyez-vous sur les managers*

Les managers sont vos alliés pour faire passer votre message auprès de leurs collaborateurs. Facilitez-leur la tâche en leur proposant un kit de communication clé en main avec :
- quelques slides décrivant le contenu de la formation, qu'ils pourront présenter à leurs équipes ;
- un teaser vidéo pour accompagner les slides ;
- un quiz gamifié d'auto-positionnement à faire en équipe.

Les ambassadeurs

Les ambassadeurs sont des apprenants qui ont déjà suivi la formation et qui l'ont particulièrement appréciée. Ces ambassadeurs engagés et enthousiastes peuvent participer à votre communication et devenir vos *learning advocacy*. Valorisez-les en leur demandant un témoignage vidéo ou audio, des verbatims à partager en interne, sur les réseaux sociaux, dans le journal interne, dans une newsletter, etc., pour inciter et donner envie à leurs collègues de suivre également la formation. Encouragez vos ambassadeurs à échanger avec leurs collègues sur les réseaux sociaux de l'entreprise, outillez-les en leur fournissant une FAQ pour répondre aux objections. Mais ne les « forcez pas », cela doit être fait spontanément. Cette stratégie de *learning advocacy* apportera également du poids à vos messages, les témoignages véhiculés par les collaborateurs étant perçus comme plus crédibles.

Définition : *Le* learning advocacy

Le *learning advocacy* s'inspire de l'*employee advocacy* qui est une stratégie marketing qui consiste pour une entreprise ou une marque à mobiliser ses salariés pour qu'ils deviennent des ambassadeurs volontaires dans leur vie professionnelle, mais aussi parfois dans leur vie personnelle et notamment sur leurs réseaux sociaux.

Pour un lancement efficace de votre formation et pour obtenir un maximum d'adhésion, il est essentiel de s'appuyer sur le sponsor de la direction et de bénéficier des relais des tops managers, managers de proximité et ambassadeurs internes.

QUELS SUPPORTS UTILISER ET QUAND ?

En communication, on distingue deux types de supports : les supports online et les supports offline. Une bonne stratégie de communication passe par une habile combinaison de ces deux types de support pour une communication multicanale. Pour être efficace et atteindre chacun de vos learner personas, vous devez définir le support qui sera le mieux adapté pour chacun d'eux en fonction de leurs attentes et de leurs habitudes de consommation. Plutôt que de communiquer sur un seul canal, la combinaison du online et du offline vous apportera davantage de visibilité et donc davantage d'opportunités de toucher vos apprenants.

Définition : *Communication online et offline*

La communication offline, également appelée « hors ligne », désigne l'utilisation de supports traditionnels pour transmettre des informations. Par exemple : une brochure papier, des flyers, un stand sur un salon, des insertions presse, des spots radio, etc.
La communication online, aussi appelée communication digitale, désigne l'utilisation de supports diffusés via Internet. Par exemple : une newsletter, un e-mailing, un site web, un webinaire, les vidéos, les podcasts, etc.

Pour vous aider dans le choix de vos supports, posez-vous ces quelques questions sur vos apprenants.

- Quelles sont leurs pratiques, digitales ou non ?
- Comment recherchent-ils de l'information ?
- Que lisent-ils ?
- Où se retrouvent-ils ?

Grâce à vos personas, vous y répondrez et pourrez ainsi choisir les supports adéquats. Que ce soit à travers les supports de communication digitaux ou ceux offline, chaque canal a ses avantages distincts et peut être utilisé de manière complémentaire pour atteindre les objectifs de communication.

Les supports de communication digitaux

Aujourd'hui, les supports de communication digitaux sont devenus incontournables pour interagir et partager des informations. Ils permettent la diffusion rapide d'un message et une forte interactivité, facilitant ainsi l'échange d'informations. Ils offrent une palette d'outils et de fonctionnalités pour permettre d'atteindre ses objectifs. Voici une sélection de supports digitaux intéressants pour une communication réussie.

L'e-mail

L'e-mail est un courrier envoyé par Internet via une messagerie électronique. Il est utilisé dans le cadre d'une communication descendante, c'est-à-dire « du haut vers le bas », pour diffuser de l'information vers l'ensemble des collaborateurs. Pour maximiser les chances que votre e-mail soit lu, soignez son objet. L'objet décrit en quelques mots le contenu de l'e-mail, c'est ce qui va donner envie à son destinataire de l'ouvrir.

Exemple d'objets d'e-mails :

- Convocation à la formation sur la nouvelle réglementation RSE.
- C'est parti pour 1 mois d'aventure dans la jungle de la RSE ! (Cet objet suppose que votre formation soit conçue autour d'un storytelling se déroulant dans une jungle).

À votre avis, quel objet est le plus engageant ?

La newsletter

Une newsletter est un bulletin d'information envoyé régulièrement à une liste d'abonnés, appelée aussi la liste de diffusion. Elle sert à communiquer des informations d'ordre général ou plus spécifique à un service, comme informer sur les nouveautés du service learning. Il s'agit donc d'un e-mail envoyé à une fréquence fixe à votre audience pour leur partager vos actualités. Une newsletter bien travaillée peut véritablement contribuer à engager vos apprenants en créant un rendez-vous récurrent.

Exemple : *Idées de contenus inspirants*

- Des résumés d'articles
- Des guides, livres blancs, ou des check-lists sur des thématiques que vous proposez
- Des interviews d'experts métiers, de formateurs en vidéo
- Les dernières études liées à vos thématiques, présentées sous forme d'infographies
- Des retours d'expérience, mises en pratique suite à des formations suivies
- Des témoignages d'apprenants en vidéo
- Le calendrier des formations à venir
- Les coulisses de votre service, de la conception des formations
- Des quiz pour permettre aux collaborateurs de prendre du recul sur leurs pratiques, de se questionner, et les amener ensuite à suivre une formation, etc.
- Des outils à découvrir pour améliorer le quotidien professionnel

Les posts sur les réseaux sociaux internes

Un post est un message publié sur un réseau social. Il peut s'agir d'un texte, d'une image ou d'un lien. Ce post peut ensuite être commenté, liké ou partagé. C'est un moyen d'interagir avec son audience et de rendre sa communication interne plus fluide.

Le teaser vidéo

Un teaser vidéo est une bande-annonce de votre formation, que vous pouvez diffuser ensuite sur vos réseaux sociaux internes, votre intranet, dans une newsletter, etc. Sa durée est souvent d'une à deux minutes. Il présente les informations essentielles concernant votre formation : la date, les horaires, le lieu, comment s'inscrire, le programme, les intervenants, etc. N'hésitez pas à y faire « parler » les experts métiers qui ont participé à la conception de la formation pour y apporter de la crédibilité.

> ***Exemple :*** *Script d'un teaser vidéo pour une formation sur la RSE*
>
> Annoncez le sujet : « Invitation : Ensemble, construisons une entreprise responsable ! ».
> Faites apparaître la date accompagnée des horaires et du lieu.
> Insérez une courte interview d'un expert métier, du formateur ou d'un intervenant.
> En quelques mots, rappelez ce que la formation va apporter aux collaborateurs, quelles compétences ils vont acquérir.
> Terminez avec le lien d'inscription, ou l'adresse e-mail où envoyer sa demande d'inscription.

Le podcast

Un podcast est un contenu audio numérique qu'un auditeur peut écouter via une plateforme, ou en le téléchargeant sur son smartphone, sa tablette ou son ordinateur. Son principal atout est de pouvoir être consommé à tout moment et n'importe où. C'est un contenu ATAWAD. Ce format est intéressant pour présenter un parcours de formation ou pour partager des témoignages ou des retours d'expérience.

Le webinaire

Le mot webinaire est la contraction des mots web et séminaire.

Il s'agit d'une conférence en ligne, qui a lieu le plus souvent en direct, à laquelle plusieurs personnes connectées dans des lieux différents peuvent participer et interagir en temps réel avec les présentateurs.

À l'occasion du lancement d'un nouveau parcours de formation, un webinaire peut être organisé pour présenter le programme complet de la formation et inciter les apprenants à s'inscrire. C'est aussi l'occasion de répondre à toutes les questions que les apprenants peuvent se poser.

Les supports de communication plus traditionnels

Malgré l'essor des supports de communication digitaux, les supports de communication offline conservent encore toute leur importance et leur pertinence. Ils offrent une « présence physique » qui peut être perçue comme plus authentique que celle des supports digitaux. Bien utilisés, ils peuvent avoir un impact significatif.

L'affichage interne

L'affichage est l'un des supports le plus utilisé en entreprise pour communiquer les informations. Il peut facilement toucher de nombreux collaborateurs. Pour cela, il est important de bien choisir son emplacement, en visant les endroits stratégiques fréquentés par vos apprenants. L'affichage peut aussi se décliner en version digitale, par exemple, sur les écrans TV d'accueil.

Pour maximiser la portée de votre affichage, privilégiez ainsi :

- le hall d'entrée ;
- la cafétéria ;
- les salles de réunion ;
- les salles de pause ;
- les portes des locaux.

Le livre blanc

Un livre blanc, ou e-book, est le plus souvent un guide pratique d'une dizaine de pages qui permet de sensibiliser à une thématique et qui donne envie d'aller plus loin. Il traite d'un sujet qui intéresse potentiellement votre cible d'apprenants. Il doit être agréable à lire et synthétique. Pour cela, structurez bien votre texte, insérez des visuels pour attirer l'attention, soignez la mise en page et terminez chaque chapitre par un encart « L'essentiel ». Pour susciter l'intérêt des collaborateurs sur votre formation, vous pouvez mettre à disposition votre livre blanc en téléchargement dans une newsletter ou sur votre intranet.

Les événements

Organiser un événement pour faire connaître votre formation est un bon moyen de rencontrer vos futurs apprenants, d'échanger avec eux et de répondre à leurs questions, à la manière d'un lancement de produit. Profitez-en aussi pour mettre en avant l'équipe qui a participé à la conception de la formation, les experts métiers et les formateurs. Ce peut être également l'occasion d'organiser une démonstration de votre LMS. Pour faire de ce lancement un événement unique, lancez un compte à rebours ! Il suscitera d'autant plus l'intérêt des collaborateurs.

Le flyer

Le flyer est un tract destiné à promouvoir un service, un événement ou un produit. Dans le cadre d'une formation, il peut présenter :

- le sujet du parcours de formation ;
- la date de la session, accompagnée des horaires et du lieu ;
- quelques mots pour rappeler ce que la formation va apporter aux collaborateurs, quelles compétences ils vont acquérir ;
- un témoignage d'un expert métier ou du formateur.

Présentez l'information de manière claire, efficace et attractive, en reprenant les codes couleur de votre formation. Côté format, privilégiez le format A5, le plus classique, qui est à la fois maniable et économique.

Le flyer permet aussi de toucher des cibles qui ne sont pas familières du numérique. Il peut également se garder et être rangé facilement dans un cahier ou un agenda « traditionnel ».

> **Conseil :** *Le QR Code*
>
> Insérez sur votre flyer un QR Code pour un accès rapide à une page d'inscription.
> Il existe de nombreux outils gratuits permettant de générer facilement des QR Code et de les personnaliser comme Unitag, QR Code Generator, QRCode Monkey... La taille de votre QR Code doit être adaptée afin de pouvoir être scanné facilement. Généralement la taille minimale conseillée est de 2,5 × 2,5 cm.
> Enfin, n'oubliez pas d'indiquer aux utilisateurs ce qu'ils vont découvrir en scannant votre code grâce à un titre.

Les goodies

Un goodie est un objet promotionnel offert gratuitement. Offrir un goodie fait toujours son effet, car il représente une marque d'attention concrète ! Souvent conservé et utilisé, il crée un lien solide et durable avec vos apprenants à moindre coût. Pour être apprécié et conservé, il doit répondre à deux critères : l'utilité et la qualité de l'objet.

Dans le cas d'une formation, vous pouvez offrir un stylo, un carnet, une clé USB, une gourde recyclable ou encore un mug. Choisissez un cadeau cohérent avec la thématique de votre formation et votre cible d'apprenants.

Conseil : *Comment bien communiquer*

- Offrir un goodie dans le kit d'**onboarding** pour souhaiter la bienvenue aux apprenants.
- Annoncer le lancement d'une formation avec un teaser vidéo ou une capsule audio.
- Organiser un petit-déjeuner pour présenter et lancer une nouvelle formation.
- Détourner le flyer pour le présenter comme une invitation personnalisée avec une signature manuscrite d'un Directeur, pour plus d'impact.
- Accompagner l'apprenant dans la progression de son parcours avec une séquence d'e-mails.

SYNTHÈSE

Quels supports pour les trois grandes phases de communication d'une formation ?

	AVANT LA FORMATION	PENDANT LA FORMATION	APRÈS LA FORMATION
	Susciter l'intérêt	Engager et motiver	Récompenser et valoriser
E-mail	X	X	X
Newsletter	X	X	X
Posts sur les réseaux sociaux internes	X	X	X
Teaser vidéo	X		X
Podcast	X	X	X
Webinaire	X		
Affichage interne	X	X	
Livre blanc	X		X
Événement	X		X
Flyer	X		
Goodies	X		X

LES BONNES PRATIQUES DE CONCEPTION DES SUPPORTS DE COMMUNICATION

Les supports de communication vont transmettre votre message, ils vont apporter de la visibilité à votre offre. Pour maximiser leur impact, certaines règles de conception sont à prendre en compte.

Un message clair

Définir un bon message est primordial, c'est la base de votre action de communication. Celui-ci doit être clair et précis pour ne pas noyer votre lecteur sous une multitude d'informations. Ne multipliez pas les messages différents sur vos supports, cela perdra le lecteur. En effet, l'attention des apprenants est de plus en plus difficile à capter du fait des sollicitations de plus en plus permanentes, le message doit donc être facile à lire et facile à comprendre.

1 support = 1 message unique

Mettez-vous à la place de vos apprenants

Pour définir un message qui ait de l'impact, mettez-vous à la place de vos apprenants, et imaginez quel message leur parlera le plus. Ici, référez-vous aux learner personas que vous avez préalablement définis pour adapter votre message et votre support à leurs préférences. Par exemple, si vos apprenants sont plutôt seniors, vous veillerez à augmenter le contraste et la taille du texte, pour qu'ils puissent le lire facilement. S'ils sont plutôt jeunes, comme la génération Z, vous essayerez d'adopter leurs codes de communication, en leur proposant des vidéos ou des réels.

Un graphisme simple et épuré

« Less is more. » (Moins c'est plus.)

Mies van der Rohe, architecte allemand

Pour mettre en avant le contenu de vos supports de communication, optez pour un graphisme simple et épuré. Un support trop chargé en couleurs et en texte ne permettra pas d'avoir un message lisible. Prévoyez des espaces blancs pour aérer les différents éléments afin de les mettre en avant et les valoriser. Jouez sur les interlettrages, les interlignages et les crénages. Prévoyez des marges autour des textes et des images. Les espaces blancs embelliront votre contenu et favoriseront la mise en avant de votre message.

Bien hiérarchiser le contenu

En 2015, une étude de Microsoft[1] avait révélé que l'attention moyenne d'un humain était de 12 secondes en 2013 et de 8 secondes en 2015. Cette durée d'attention moyenne ne cesse de diminuer. Il faut donc aller à l'essentiel !

La hiérarchisation des éléments et leur organisation vont faciliter la lecture et diriger le regard du lecteur. Quelle est l'information la

1. Étude « Attention spans », *Consumer Insights*, Microsoft Canada, 2015.

plus importante ? Que doit-on voir en premier ? L'information la plus importante doit être visible et lisible au premier coup d'œil. Pour cela, jouez sur les différentes typographies, mettez en surbrillance grâce au gras ou à l'italique, variez la taille des polices : le titre principal en taille 14, les titres des sous-parties en taille 12 et le corps de texte en taille 10. Utiliser plusieurs tailles de caractères et plusieurs déclinaisons met l'accent sur ce qui est important et contribue à l'organisation globale du document. N'abusez pas des typographies différentes sur votre support, trois maximums, et préférez les polices très lisibles et contrastées.

Des couleurs harmonieuses

Pour les couleurs principales, référez-vous à la charte graphique de votre signature pédagogique, pour communiquer de façon cohérente et mémorable. Si besoin, pour apporter du relief, vous pouvez travailler également avec les couleurs complémentaires. Mais, ne dépassez pas trois ou quatre couleurs, au risque de transformer votre support en sapin de Noël !

> ***Conseil :*** *Les pratiques à éviter*
>
> La justification du texte qui risque de créer des lézardes, c'est-à-dire des espaces de largeur différente dans votre texte.
> La superposition d'éléments : un texte sera plus difficile à lire s'il est placé sur un visuel ou une illustration.
> Le manque de contraste, par exemple, un texte jaune sur un fond blanc.
> L'utilisation d'un trop grand nombre de polices de caractères qui gêne la lisibilité.

S'inspirer du modèle AIDA

Ce modèle, établi dans les années 1900 par Elias St. Elmo Lewis, un publicitaire américain, est très utilisé en marketing et en communication. Il permet de capter l'attention, de convaincre et d'inciter un prospect[2] à passer à l'action et à acheter un produit ou un service. Ce modèle est souvent appliqué pour construire des supports de communication digitale comme des e-mails, des newsletters ou des publicités en ligne.

Cet acronyme repose sur quatre étapes :

- A : attirer l'attention ;
- I : susciter l'intérêt ;
- D : provoquer le désir ;
- A : pousser à l'action.

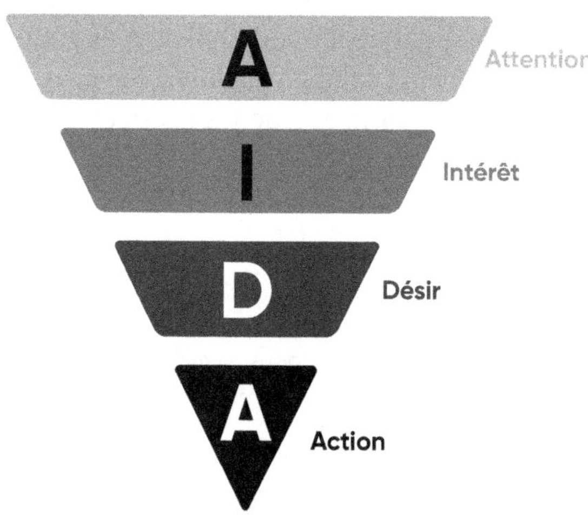

Le modèle AIDA

En suivant ce modèle, vos supports seront plus percutants. Comment appliquer le modèle AIDA pour concevoir ses supports de communication ?

2. Un prospect est un client potentiel.

1re étape : attirer l'attention

En quelques secondes, vous devez attirer l'attention des collaborateurs et leur donner envie de lire votre message. Pour réussir ce challenge, il existe différents moyens comme :

- utiliser une police particulière pour attirer le regard ;
- choisir une image surprenante comme un gif ;
- construire des phrases percutantes avec les bons mots-clés.

Par exemple, l'objet d'un e-mail ou d'une newsletter doit être clair, concis et attractif. Pour cela, utilisez des verbes au début de votre ligne d'objet, comme « découvrir » ou « apprendre », pour déclencher une action et encourager à ouvrir votre message. Cette étape doit inciter le lecteur à lire le message qui suit.

2e étape : susciter l'intérêt

Une fois que l'attention de votre lecteur est captée, il faut maintenant susciter son intérêt. Le message qu'il découvre doit lui plaire et l'interpeller. Le texte doit être facilement compréhensible avec des mots simples et des phrases courtes. Personnalisez l'accroche pour qu'elle réponde parfaitement aux besoins de votre persona. Il est indispensable de bien connaître votre cible d'apprenants et de comprendre quels sont leurs besoins et leurs attentes.

3e étape : provoquer le désir

Dans cette étape, vous allez donner envie à votre lecteur d'aller plus loin. Pour cela, démontrez l'intérêt de votre « produit », par exemple, en mettant en avant des témoignages, des études de cas, des personnalités qui interviennent dans votre formation. Vous pouvez aussi mettre en miroir la situation avant et après avoir suivi le parcours de formation en valorisant les bénéfices, insister sur la facilité d'accès dans le cas d'un e-learning. L'objectif est de rendre irrésistible ce que vous proposez aux yeux de vos lecteurs.

4e étape : pousser à l'action

Dans cette dernière étape les CTA vont permettre de transformer un désir en action concrète, en encourageant votre lecteur à passer à l'action. CTA est l'acronyme de *Call To Action* (ou de *Click To Action*). Le CTA peut prendre plusieurs formes :

- un lien cliquable ;
- un bouton très visuel ;
- un numéro de téléphone ou une adresse mail.

Généralement, les CTA proposent un verbe d'action ou une courte phrase incitant à agir : s'inscrire, télécharger, découvrir, etc. Vous pouvez opter pour l'infinitif (s'inscrire), l'impératif (inscrivez-vous) ou utiliser la première personne (je m'inscris) pour impliquer davantage le lecteur. Le ton à adopter dépendra de votre learner persona. Votre CTA peut inviter votre lecteur à s'inscrire à une formation, à télécharger un livre blanc, à accéder à un quiz, à prendre un rendez-vous pour obtenir plus d'informations, etc. L'intitulé du CTA doit être explicite, facile à comprendre et décrire ce que le lecteur va obtenir, par exemple : « Inscrivez-vous dès maintenant ! ». En suivant ces quatre étapes de la méthode AIDA pour structurer vos messages, vous rédigerez des supports de communication efficaces qu'ils soient digitaux ou offline.

Exemple : *E-mail d'invitation à un webinaire de présentation d'une formation interne sur la RSE*

ATTENTION	Ensemble, construisons une entreprise responsable !
INTÉRÊT	Dans notre entreprise, nous croyons en l'importance de la responsabilité sociale. Contribuez, vous aussi, à nos efforts en matière de RSE !
DÉSIR	Rejoignez-nous pour découvrir comment vous pouvez contribuer à notre mission commune de devenir une entreprise responsable. En suivant notre nouvelle formation, vous pourrez : • avoir une meilleure compréhension des principes de la RSE et de leur pertinence pour notre entreprise ; • découvrir des exemples concrets et des études de cas internes qui illustrent comment nous pouvons intégrer la RSE dans nos activités ; • échanger avec vos collègues pour stimuler la réflexion et la collaboration entre les différents départements ; • apporter vos idées pour intégrer des initiatives de RSE dans vos projets et processus quotidiens.
ACTION	Inscrivez-vous à notre webinaire le mardi 25 novembre à 11 h 30 pour en savoir plus ! *(Cette phrase doit prendre la forme d'un lien ou d'un bouton.)*

OUTILS

Pour créer ses supports de communication

Pour créer les supports de communication, il existe aujourd'hui de nombreux outils assez simples à prendre en main pour des rendus très qualitatifs (des visuels, des vidéos ou des capsules audio) et à des coûts abordables. En voici quelques-uns.

- **Pour la création de visuels** : *Canva*, pour créer toutes sortes de contenus, *Picular*, pour trouver des couleurs adaptées à un thème spécifique, *Coolors*, pour trouver une palette de couleurs en harmonie avec un visuel, *Freepik*, une banque d'images qui propose des photographies, des illustrations, des pictos.
- **Pour trouver les bonnes typographies** : *Fontjoy*, pour générer différentes combinaisons de polices, *Dafont*, une base de données de typographies qui propose des centaines de polices téléchargeables gratuitement.
- **Pour créer des vidéos** : *Powtoon* et *Vyond*, pour créer des capsules animées très facilement, *Canva*, qui propose de nombreux templates.
- **Pour animer des capsules audio** : *HeadLiner*, pour donner du mouvement à des fichiers audio en insérant un audiogramme.

MESURER L'EFFICACITÉ DE SES ACTIONS DE COMMUNICATION

Mesurer l'efficacité de vos actions de communication va vous permettre d'identifier les canaux et les supports qui ont le plus d'impact pour pouvoir ensuite améliorer votre plan de communication. Vous allez ainsi comprendre comment votre public réagit à vos actions de communication, pour ensuite vous adapter à leurs préférences, leurs besoins et leurs attentes, en offrant des contenus et des messages plus pertinents et ciblés. C'est essentiel pour une communication efficace. Votre analyse peut être réalisée en suivant les étapes clés du modèle AIDA.

- **Attention** : mesurez la portée de votre communication en utilisant des indicateurs tels que le taux d'ouverture des e-mails, le nombre de vues d'un post ou d'un teaser vidéo, le nombre de participants à un événement ou à un webinaire.
- **Intérêt** : analysez le temps passé sur une vidéo, suivez des indicateurs tels que les partages, les commentaires ou les mentions « j'aime » pour évaluer l'intérêt suscité par votre contenu.
- **Désir** : identifiez les actions en réponse à votre communication comme les demandes de renseignements, les téléchargements de livres blancs, les inscriptions à une newsletter.
- **Action** : analysez les conversions finales, c'est-à-dire le nombre d'inscriptions à votre nouvelle formation.

C'EST À VOUS !

Créez le plan de communication d'une de vos formations

Grâce au tableau ci-dessous, réfléchissez à un plan de communication pour chaque étape d'une de vos formations. Prenez en compte les différentes actions du parcours apprenant identifiées précédemment. Pensez à identifier vos relais pour transmettre votre message, ce sont également des cibles potentielles pour votre plan de communication.

Pour cet exercice, identifiez une seule action par étapes.

	AVANT LA FORMATION	PENDANT LA FORMATION	APRÈS LA FORMATION
	Susciter l'intérêt	Engager et motiver	Récompenser et valoriser
Cible			
Objectif			
Message clé			
Canal			
Support			
Quel outil ?			
Quand ?			
Qui ?			
Indicateur			

Pour aller plus loin, vous pouvez écouter l'épisode #71 du podcast *Learn & Enjoy* avec Julie Boulanger d'*Ubisoft* : « Marketing de la formation : pourquoi est-ce nécessaire ? ».

L'ESSENTIEL

- **Le plan de communication est un guide essentiel qui coordonne toutes les actions pour promouvoir une formation et soutenir les apprenants tout au long de leur parcours.**
- **Au sein de l'entreprise, de nombreux acteurs collectent, structurent et diffusent l'information, faisant d'eux des relais potentiels. Il est crucial d'impliquer toutes ces parties prenantes dans sa stratégie de communication.**
- **Pour concevoir un plan de communication efficace, une combinaison habile des supports de communication digitaux et traditionnels est à imaginer en fonction des attentes et des habitudes de chaque apprenant, afin d'optimiser la diffusion des messages.**

Mesurer l'engagement des apprenants

Executive summary

- **La formation professionnelle est aujourd'hui un enjeu majeur pour les entreprises.** Pour s'assurer qu'une formation est véritablement efficace, elle doit être évaluée. Cette évaluation permet de mesurer l'impact de la formation sur les compétences des apprenants, sur leur motivation et sur leur engagement.

- **Le plus souvent, on s'attache à évaluer les compétences acquises, mais l'évaluation de l'engagement des apprenants est tout aussi importante.** L'un des indicateurs de mesure de cet engagement est la satisfaction des apprenants, pour mesurer leur vécu de l'expérience d'apprentissage. D'autres indicateurs sont également à suivre.

- **Le suivi de ces indicateurs, qui identifieront les points forts et les points faibles d'un parcours de formation, permettra d'améliorer la qualité de la formation** et de mieux répondre aux besoins des apprenants, pour toujours améliorer leur engagement.

COMMENT MESURER L'ENGAGEMENT DE L'APPRENANT ?

Nous avons vu que l'engagement désigne l'implication de l'apprenant dans son processus d'apprentissage et qu'il recouvre quatre dimensions qui interagissent entre elles :

- la dimension cognitive ;
- la dimension comportementale ;
- la dimension émotionnelle ;
- la dimension sociale.

Comment va-t-on pouvoir mesurer ces dimensions ?

Mesurer l'engagement d'un apprenant est difficile car il dépend de beaucoup de facteurs : le comportement, la façon d'apprendre qui est propre à chacun, les interactions avec les autres apprenants, le formateur ou l'enseignant, le plaisir qu'il aura eu à suivre la formation, etc. De plus, pendant une formation, l'engagement d'un apprenant n'est pas forcément constant, il peut varier d'un jour à l'autre. Toutefois, voici quelques pistes pour mesurer l'engagement.

- **Pour la dimension cognitive**, on peut, par exemple, mesurer l'avancement de l'apprenant dans son parcours d'apprentissage, les travaux individuels rendus, le respect des délais.
- **Pour la dimension comportementale**, on pourrait prendre en compte le taux de connexion à la plateforme LMS, le nombre de modules validés, l'obtention d'un certificat ou d'un diplôme.

- **Pour la dimension émotionnelle**, on peut mesurer la satisfaction de l'apprenant avec un questionnaire de satisfaction en fin de formation.
- **Pour la dimension sociale**, si un espace d'échange existe, on peut prendre en compte la participation de l'apprenant.

Parmi ces quatre dimensions, la dimension émotionnelle est souvent oubliée. Pourtant, l'évaluation de la satisfaction des apprenants est très importante pour mesurer leur vécu de l'expérience d'apprentissage.

MESURER LA SATISFACTION DES APPRENANTS

La plupart des entreprises ont compris depuis longtemps l'importance de la satisfaction client pour leur bon développement. Régulièrement, elles mesurent cet indicateur pour pouvoir concevoir et mettre en place des actions dont l'objectif est de répondre au plus près aux besoins des clients. Il n'existe pas de définition officielle de la satisfaction client. Le plus souvent, le client compare son expérience d'achat à ses attentes. Il va probablement prendre en compte :

- l'environnement, par exemple, des produits qui sont difficiles à trouver en magasin ;
- les imprévus, par exemple, un produit qui n'est plus en stock ;
- le personnel, par exemple, un employé qui n'est pas agréable ;
- les attentes, par exemple, une trop grande attente envers un service.

La satisfaction dépend donc des émotions ressenties par le client et celles-ci sont différentes selon les attentes.

En formation, comme nous l'avons vu dans l'étape 2, nous pouvons considérer les apprenants comme des clients d'un service formation ou d'un organisme de formation et donc nous pouvons mesurer leur satisfaction pour évaluer si le parcours de formation suivi correspond à leurs besoins et leurs attentes. Tout comme le client, l'apprenant prendra probablement en compte :

- l'environnement : comment la formation lui est proposée, l'aspect de la salle pour une formation en présentiel ou le design et l'organisation de la plateforme LMS pour une formation digitale ;
- les imprévus : pour une formation digitale, les éventuels problèmes de connexions, de visionnage des vidéos, d'écoute des audios, ou pour une formation en présentiel, le changement du lieu de formation ;
- le personnel : comment son interlocuteur va lui apporter les réponses à ses questions, que ce soit en face-à-face, par e-mail ou par téléphone ;
- les attentes : comment a-t-il imaginé la formation d'après les informations qu'il a reçues, cela correspond-il à la réalité, y a-t-il un décalage, qu'il soit positif ou négatif ?

Pour évaluer votre formation au sens de la satisfaction de l'apprenant, je vous propose d'utiliser un outil inspiré également du marketing, le NPS ou *Net Promoter Score*.

Qu'est-ce que le NPS et comment l'appliquer à la formation ?

Le NPS est un indicateur de la satisfaction et de la fidélité client qui a été développé en 2003 par Fred Reichheld. Utilisé par les marques, il s'agit pour les clients de répondre à une unique question : « Quelle est la probabilité que vous recommandiez la marque X à un ami ou un collègue ? » Les répondants donnent alors une note entre 0 (pas du tout probable) et 10 (très probable). Selon la note donnée par le client, ce dernier est classé dans l'une des trois catégories.

- **Promoteur** si la note est entre 9 et 10, ce client est enthousiaste et est le meilleur ambassadeur de la marque.
- **Passif** si la note est entre 7 et 8, ce client est passif ou moyennement satisfait, et peut facilement partir à la concurrence.
- **Détracteur** si la note est entre 0 et 6, ce client ne réutilisera certainement plus votre marque, et peut émettre des avis négatifs sur les réseaux sociaux.

Le NPS score est ensuite calculé selon cette formule :

Calcul du NPS = % de promoteurs – % de détracteurs

Le score obtenu peut varier entre – 100 (si tous les clients sont des détracteurs) à + 100 (un maximum de clients promoteurs).

***Le* Net Promoter Score**

Appliqué à la formation, le NPS va permettre de savoir si l'apprenant recommanderait la formation qu'il vient de suivre à quelqu'un d'autre. La question du NPS est alors : « Quelle est la probabilité que vous recommandiez cette formation à un collègue ? ». Je vous conseille de compléter cette question avec une question qualitative, après avoir remercié l'apprenant pour sa participation au sondage, comme ceci : « Merci pour votre réponse ! Pourquoi avez-vous attribué cette note ? ». Les réponses à cette question vous permettront de récolter des feed-back précieux et d'identifier les points positifs et/ou négatifs du parcours de formation. Et ils vous permettront de réfléchir à des leviers d'amélioration.

Interpréter les scores NPS

Toujours en s'inspirant de l'interprétation des scores NPS en marketing, voici une interprétation possible dans le cas d'une formation :

- **– 100-0** : la majorité des apprenants qui ont suivi votre formation ont eu une mauvaise expérience, ils ne sont pas satisfaits et ne recommanderont pas de la suivre.
- **1-30** : c'est une fourchette acceptable, il y a plus d'apprenants promoteurs que de passifs et de détracteurs. Toutefois, il est important de travailler des axes d'amélioration pour une meilleure expérience.
- **31-50** : les apprenants ont suivi une expérience d'apprentissage de qualité et sont prêts à la recommander à des collègues.
- **50-70** : une grande attention a été portée à l'expérience d'apprentissage et au parcours apprenant, les apprenants promoteurs sont majoritaires.
- **71-100** : c'est le Graal du NPS, votre parcours de formation est au top !

L'intérêt du NPS

- Mieux connaître vos apprenants, notamment ceux qui sont prêts à recommander et à promouvoir votre formation, et ainsi détecter vos ambassadeurs, sur lesquels vous pourrez vous appuyer pour votre communication.
- Facilement identifier les parcours de formation qui ont le plus de succès et ceux qui nécessitent une amélioration.
- Grâce aux retours qualitatifs, comprendre l'expérience apprenante vécue, les éléments de la formation qui ont été appréciés et ceux qui l'ont moins été.

Conseil : *5 bonnes pratiques pour votre questionnaire de satisfaction*

1. Rédigez un questionnaire court.
2. Privilégiez un système de notation simple (de 1 à 5 ou de 1 à 10 par exemple), une échelle paire va forcer des réponses tranchées, une échelle impaire va laisser la possibilité d'une réponse médiane.
3. Laissez une zone de commentaire libre à la fin de votre questionnaire.
4. Soignez la présentation, le questionnaire véhicule votre image et témoigne de l'attention que vous portez à vos apprenants.
5. Testez votre questionnaire auprès de quelques collègues avant de le diffuser.

FICHE PRATIQUE

Le questionnaire de satisfaction

Pour mesurer le niveau d'engagement des apprenants, vous allez proposer un questionnaire d'évaluation axé sur leur ressenti.

Ce questionnaire permettra de recueillir leur satisfaction de façon détaillée pour ensuite réfléchir à des points d'amélioration sur le parcours de formation.

Parmi les questions à poser aux apprenants, on pourra trouver par exemple :

- Sur une échelle de 0 à 5, type échelle de Likert[1], comment estimez-vous votre expérience globale ? La formation a-t-elle répondu à vos attentes ?
- Quelles parties avez-vous le plus aimées ?
- Quelles parties avez-vous le moins aimées ?
- Comment pourrions-nous améliorer notre formation ?
- Avez-vous d'autres commentaires ou suggestions à nous soumettre ?
- Sur une échelle de 1 à 10, quelle est la probabilité que vous recommandiez cette formation à un collègue ?

↓

1. L'échelle de Likert est un outil permet d'évaluer l'opinion d'un individu.

Si la note de satisfaction est basse, essayez d'en savoir plus avec une question du type :

O Pouvez-vous nous en dire plus sur les raisons de votre insatisfaction ?

Sous forme de question ouverte et/ou en complétant avec des cases à cocher : je n'ai pas aimé le design, je n'ai pas aimé les visuels, la qualité des contenus, pas assez d'actions de communication, l'accompagnement proposé, etc.

QUELS AUTRES INDICATEURS SUIVRE ?

Pour optimiser en continu la satisfaction des apprenants, d'autres indicateurs sont à suivre.

- **Taux de pénétration** : combien de personnes connaissent votre parcours de formation ? Un taux de pénétration faible peut indiquer que la communication a été insuffisante, que l'intitulé ou la description de la formation n'est pas assez clair ou encore que les visuels ne sont pas assez attractifs.
- **Nombre d'inscrits** : combien d'apprenants se sont inscrits à la formation.
- **Taux de participation** : combien d'apprenants ont réellement commencé le parcours :
  - Un faible taux de participation peut s'expliquer par une communication mal organisée. Voyez comment renforcer votre dispositif de communication et quelles actions vous pouvez mettre en place pour inciter les apprenants à s'inscrire, et à se connecter à la plateforme LMS s'il s'agit d'une formation digitale.
  - Un taux de participation élevé indique que votre dispositif de communication et le bouche-à-oreille ont bien fonctionné. Intégrez

ces actions dans vos bonnes pratiques et pensez à les répliquer pour un prochain lancement.

- **Nombre de connexions** : suite à leur inscription, combien d'apprenants se sont connectés à la plateforme pour suivre la formation.
- **Récurrence de connexion** : combien de fois l'apprenant se connecte-t-il à la plateforme ?
- **Temps de formation total** : combien de temps ont passé vos apprenants sur la plateforme. Un faible temps de formation, par rapport à la durée totale du parcours, peut s'expliquer par des contenus pas assez attractifs, insuffisamment interactifs ou trop longs, n'encourageant pas les apprenants à les terminer. L'animation est peut-être également insuffisante et n'incite pas les apprenants à revenir sur la plateforme.
- **Taux de complétion** : combien d'apprenants ont terminé le parcours :
    - Un faible taux de complétion indique que vos apprenants sont peu nombreux à avoir terminé leur formation, pourquoi ? Les contenus des modules sont peut-être peu attractifs, le parcours est peut-être trop long, pas assez varié. L'animation de votre plateforme est peut-être insuffisante.
    - Un bon taux de complétion montre au contraire que les apprenants ont apprécié la formation et qu'ils ont été embarqués dans l'expérience. Analysez alors les retours pour comprendre pourquoi ce parcours a été un succès pour pouvoir le répliquer.
- **Nombre de formations suivies** : combien de formations suivent en moyenne les apprenants.
- **Le nombre de certificats obtenus** : indicateur clé de la réussite de vos dispositifs.
- **Formations les plus suivies** : quel est votre top 5.

Pour les indicateurs les plus faibles, n'hésitez pas à interroger vos apprenants sur les raisons de leur désengagement pour identifier des pistes d'amélioration.

CONSTRUIRE SON TABLEAU DE BORD OPÉRATIONNEL

Mettre en place un tableau de bord simplifie l'accès aux données importantes et la prise de décision. Bien conçu, il offre une vue instantanée des tendances et des évolutions.

Voici les cinq étapes à suivre pour élaborer un tableau de bord efficace :

1. définir les objectifs ;
2. choisir les bons indicateurs de mesure ;
3. collecter les sources des données ;
4. optimiser le design des graphiques ;
5. définir la fréquence de mise à jour des données.

Définir les objectifs de votre tableau de bord

Il est essentiel de définir les objectifs de manière claire avant de commencer à élaborer le tableau de bord. Pour cela, utilisez la méthode SMART. Décrite pour la première fois par George T. Doran en 1981, la méthode SMART vous aide à rédiger des objectifs bien définis, réalistes et atteignables.

Définition : SMART

À l'origine, l'acronyme SMART correspond à :

- **Spécifique** (*Specific*) : cibler clairement ce qui doit être amélioré (« *target a specific area for improvement* ») ;
- **Mesurable** (*Measurable*) : quantifier ou au moins suggérer un indicateur de progrès (« *quantify or at least suggest an indicator of progress* ») ;
- **Attribuable** (*Assignable*) : préciser qui le fera (« *specify who will do it* ») ;
- **Réaliste** (*Realistic*) : indiquer quels résultats peuvent être atteints de manière réaliste, au vu des ressources disponibles (« *state what results can realistically be achieved, given available ressources* ») ;
- le **Temps** (*Time-Related*) : préciser quand les résultats peuvent être atteints (« *specify when the result(s) can be achieved* »).

Selon George T. Doran, ces 5 critères ne sont pas exigibles pour tous les objectifs.

Comment définir des objectifs SMART ?

Pour définir un objectif SMART, reprenez chacun des points de l'acronyme.

- **Spécifique** : définissez l'objectif que vous souhaitez atteindre, il doit être clair, précis et compréhensible. Utilisez un verbe d'action.
- **Mesurable** : définissez l'indicateur de mesure de votre objectif, une quantité, une fréquence ou un niveau de qualité à atteindre. Utilisez des indicateurs précis.
- **Atteignables** : assurez-vous que votre objectif ne soit ni trop facile ni trop élevé, qu'il soit challengeant et stimulant. Veillez à avoir les compétences, les ressources et le temps nécessaire pour atteindre cet objectif.
- **Réaliste** : définissez un objectif qui a du sens, qui encourage à donner le meilleur afin de motiver les équipes et maintenir la motivation tout au long du projet.

- **Temporalité** : définissez une échéance pour votre objectif, en étant précis sur la date ou le délai.

Exemple : *Définir des objectifs SMART*

Objectif non SMART : augmenter les taux de participation des formations réglementaires.
Objectif SMART : atteindre un taux de participation pour les formations réglementaires de 85 % à la fin du 1er trimestre 2024 avec l'aide du *learning success manager*[2].

LETTRE	OBJECTIF
S	Atteindre un taux de participation pour les formations réglementaires
M	85 %
A	avec l'aide du Learning Success Manager
R	/
T	à la fin du 1er trimestre 2024

Objectif non SMART : augmenter les taux de complétion des formations.
Objectif SMART : atteindre un taux de complétion pour la nouvelle formation sur la prise de parole en public de 80 % d'ici 2 mois.

LETTRE	OBJECTIF
S	Atteindre un taux de complétion pour la nouvelle formation sur la prise de parole en public
M	80 %
A	/
R	/
T	d'ici 2 mois

2. Un *learning success manager* déploie le plan de communication dédié à la mise en place de vos formations et gère l'animation de la plateforme LMS.

Objectif non SMART : obtenir un bon score NPS pour les formations du catalogue.
Objectif SMART : obtenir un score NPS de 8 pour les formations du Top 5 sur l'année 2024.

LETTRE	OBJECTIF
S	pour les formations du Top 5
M	Obtenir un score NPS de 8
A	/
R	/
T	sur l'année 2024

5 règles d'or pour choisir des indicateurs de mesure

Pour bien choisir son indicateur de mesure ou KPI en anglais *(Key Performance Indicator)*, voici les éléments à prendre en compte :

- **Quantifiable** : vous devez pouvoir mesurer avec précision votre indicateur.
- **Actionnable** : la lecture de votre indicateur doit vous permettre de déclencher une prise de décision.
- **Simple** : un bon indicateur est simple et peut être compris clairement par tout le monde.
- **Fiable** : les données qui permettent de construire l'indicateur doivent être complètes et fiables.
- **Contrôlable** : votre indicateur doit mesurer une performance sur laquelle vous avez un contrôle et que vous pouvez améliorer.

Quelles sont les sources de données possibles ?

Pour alimenter vos indicateurs de mesure, voici quelques sources de données possibles :

- les sources issues des outils utilisés : par exemple l'outil d'envoi des newsletters ;
- les sources issues de la plateforme LMS ;
- des données internes sur les apprenants : sociodémographiques, etc. ;
- des données issues de questionnaires, comme le questionnaire de satisfaction.

Bien entendu, d'autres sources de données sont possibles, cela dépendra de l'organisation de votre structure et des outils qui y sont implémentés.

Optimiser le design des graphiques

« Une image vaut mille mots. »

Confucius

Cette étape est essentielle pour faciliter la lecture et permettre de prendre des décisions rapidement et efficacement. En effet, si le tableau de bord est surchargé de graphiques ou s'ils sont trop complexes, alors vous aurez du mal à en extraire les informations pertinentes pour votre prise de décision. Vous devez commencer par choisir la représentation graphique de vos indicateurs, par exemple :

- afficher l'évolution des données, avec une courbe ;
- afficher l'agrégation des données, somme ou moyenne, avec un histogramme.

Vous pouvez mixer les représentations de vos indicateurs mais il est important qu'un graphique corresponde à un seul indicateur de performance. Les couleurs et la typographie doivent être sélectionnées pour garantir une bonne lisibilité. Des combinaisons de couleurs bien choisies, faisant ressortir clairement les informations, et une typographie claire faciliteront la lecture des données, quel que soit le support. Évitez de surcharger vos graphiques avec du texte, et privilégiez une représentation sobre, simple et compréhensible rapidement. Le tableau de bord est un outil de communication visuelle.

Les différents types de graphiques

Certains graphiques sont particulièrement adaptés à certains types d'indicateur. Voici les cinq principaux :

- **Une courbe** est souvent utilisée pour montrer une évolution, la performance d'une donnée dans le temps, par exemple, le nombre de connexions à la plateforme LMS.
- **Un histogramme** ou un graphique à barre est utilisé pour comparer plusieurs éléments, par exemple, le score NPS de plusieurs formations. Il peut être présenté également avec des barres horizontales, il s'agit alors d'un diagramme à barres.
- **Un graphique en secteur**, ou camembert, est souvent utilisé pour montrer une répartition, par exemple, le nombre d'apprenants ayant suivi les différents modules dans un parcours de formation.
- **Le diagramme en radar** permet d'identifier immédiatement les points forts et les points faibles d'un ensemble de données, par exemple, pour analyser les résultats des éléments de la satisfaction d'un apprenant.
- **Un nuage de mots** est intéressant pour apporter des données qualitatives à votre tableau de bord, par exemple, pour synthétiser des verbatims.

De nombreuses autres possibilités de graphiques sont disponibles dans Excel, PowerPoint ou autre. Pour chaque indicateur, vous trouverez certainement le graphique qui convient.

Définir la fréquence de mise à jour

La définition d'une fréquence de mise à jour est essentielle pour garantir la pertinence, la fiabilité et l'utilité des informations présentées dans le tableau de bord. Ainsi, vous vous assurez que les données présentées sont pertinentes et actualisées. Elle ne doit pas non plus être trop espacée car les données ne seraient alors plus assez fiables. Il est donc important de trouver le bon équilibre en définissant une fréquence de mise à jour qui soit en adéquation avec les besoins des utilisateurs et la nature des données présentées.

Conseils : *pour des tableaux de bord impactants*

Communiquez vos indicateurs à l'aide d'un graphique. Choisissez le type de graphique le plus adapté à ce que vous voulez montrer.
Soignez la mise en forme : mettez un titre clair, des légendes sur l'axe des abscisses et sur l'axe des ordonnées, des symboles ou flèches pour accentuer un point. Ajoutez les étiquettes de données pour une meilleure visualisation.
Appuyez votre présentation avec quelques données qualitatives.

C'EST À VOUS !

Construisez votre tableau de bord

Pour mesurer l'engagement de vos apprenants, vous allez réfléchir aux indicateurs à intégrer à votre tableau de bord. Pour cela, complétez le tableau ci-dessous en proposant pour un parcours de formation :

- trois facteurs clés de succès ;
- pour chaque facteur clé, au moins 2 objectifs SMART ;
- une représentation graphique de l'indicateur de chaque objectif.

La 1re ligne est un exemple.

FACTEURS CLÉS DE SUCCÈS	OBJECTIFS SMART	REPRÉSENTATION GRAPHIQUE
Satisfaction des apprenants	Obtenir un score NPS de 8 pour la formation sur la prise de parole en public sur l'année 2024	Courbe montrant l'évolution mensuelle du score NPS
–	– –	– –
–	– –	– –
–	– –	– –

L'ESSENTIEL

- Mesurer l'engagement d'un apprenant est complexe car l'engagement recouvre plusieurs dimensions : la dimension cognitive, la dimension comportementale, la dimension émotionnelle et la dimension sociale.
- Parmi ces dimensions, la dimension émotionnelle peut être mesurée en évaluant la satisfaction des apprenants après avoir suivi un parcours de formation.
- Pour optimiser en continu la satisfaction des apprenants, d'autres indicateurs sont importants à prendre en compte. Pour cela, construire un tableau de bord opérationnel permettra de suivre l'évolution de ces données pour pouvoir mettre en place des actions qui amélioreront la satisfaction des apprenants, établissant ainsi un cercle vertueux.

TÉMOIGNAGE

Artem Ismailov, *Responsable Global Talent & Expérience Employé, Groupe SEB*

OPTIMISER L'EXPÉRIENCE D'APPRENTISSAGE GRÂCE À L'ANALYSE DES DONNÉES

Les données sont l'or du XXIe siècle. La clé réside dans la transformation de cette matière première en produits finis, où leur valeur peut être inestimable. Le progrès technologique nous offre un accès à des sources inépuisables de données, collectées automatiquement sur nos plateformes numériques. Cependant, ces données sont rarement utilisables en l'état. La capacité à construire une architecture solide autour des données peut offrir des enseignements précieux non seulement aux professionnels de la formation, mais également à toutes les parties prenantes du processus d'apprentissage : aux managers, aux responsables formation et surtout aux apprenants.

En exploitant efficacement les données, il est possible d'améliorer l'appropriation, l'engagement, la satisfaction et l'efficacité des dispositifs de formation. Il est donc crucial d'intégrer des mesures spécifiques tout au long de l'expérience apprenant, bien en amont de la période où l'employé entame sa formation, afin de susciter son intérêt. Pendant la formation, une utilisation judicieuse des données permet d'impliquer les employés dans le processus d'apprentissage en adaptant le niveau de difficulté et en personnalisant l'expérience en fonction du contexte spécifique de chaque apprenant. Enfin, après la formation, il est important de recueillir son niveau de satisfaction, de faciliter l'ancrage des apprentissages clés et d'accompagner la mise en pratique des nouvelles connaissances.

Au sein du Groupe SEB, nous nous efforçons de créer des expériences d'apprentissage riches en tirant parti de tous les leviers que les nouvelles technologies peuvent nous offrir. Pour accompagner les gestionnaires de formation, les outils de visualisation des données offrent la possibilité de suivre stratégiquement les indicateurs clés de performance des dispositifs de formation.

Conclusion

Aujourd'hui, le monde de la formation fait face à un défi commun : comment susciter l'engagement des apprenants et renforcer l'impact des dispositifs de formation ?

Tout au long de cet ouvrage, nous avons exploré ensemble les principaux leviers du marketing pouvant être appliqués à la formation, afin de créer des expériences de formation engageantes. Il y aurait encore beaucoup à dire, car les compétences en marketing sont devenues essentielles dans un service formation. En effet, avec l'avènement des technologies numériques et l'accès facilité à l'information, le marché de la formation est devenu extrêmement concurrentiel. Les services formation doivent rivaliser d'ingéniosité pour attirer l'attention des collaborateurs et des apprenants potentiels. Le marketing va permettre de se démarquer en créant des communications impactantes et en suscitant de l'intérêt autour des programmes de formation proposés.

La formation n'est également plus simplement considérée comme une contrainte obligatoire, mais comme un moyen de développement professionnel continu. Les apprenants recherchent des expériences d'apprentissage attractives, similaires à ce qu'ils peuvent trouver dans leur quotidien en ligne. Le marketing aide alors à transformer la formation en une expérience engageante, augmentant ainsi la probabilité que les apprenants s'investissent pleinement dans leur apprentissage.

Au sein de l'entreprise, le service formation doit également collaborer étroitement avec différents départements et parties prenantes. Le marketing va alors aider à renforcer les liens avec ces parties prenantes et créer un environnement favorable à l'adhésion des acteurs internes favorisant la réussite de la formation.

Enfin, en s'inspirant du marketing, les services formation vont pouvoir mesurer l'impact de leurs actions, avec des objectifs mesurables, pour en évaluer le succès et ainsi ajuster et améliorer continuellement leurs offres.

Vous l'aurez compris, pour moi, le marketing est un levier de motivation, d'implication, d'engagement et de fidélisation des apprenants, un levier qui vient compléter les leviers pédagogiques. Il est temps pour la fonction formation d'adopter une démarche de gestion de la relation apprenant et de s'inspirer des outils du marketing.

Prêt à engager vos apprenants ? C'est à vous !

LA CHECK-LIST

10 questions pour ne rien oublier lors du lancement d'une formation

- ☐ Ma signature pédagogique a-t-elle été définie ?
- ☐ Qui sont mes apprenants ?
- ☐ Le score d'engagement de mon expérience learning est-il supérieur à 3 ?
- ☐ La fiche de présentation de ma formation est-elle rédigée avec un titre et un résumé accrocheurs ?
- ☐ Quelles actions sont prévues pour le lancement de ma formation ?
- ☐ Quelles actions sont prévues pour maintenir l'intérêt des apprenants après son lancement ?
- ☐ Des actions sont-elles prévues pour valoriser les apprenants à la fin du parcours ?
- ☐ Quels canaux puis-je activer pour mon plan de communication ?
- ☐ Quels supports de communication sont à créer ?
- ☐ Est-il prévu d'évaluer la satisfaction des apprenants à la fin de la formation ?

Bibliographie

Burke B., « Gamify : How Gamification Motivates People to Do Extraordinary Things », *Routledge*, 2014.

Carré P., « Motivation et rapport à la formation », In Ph. Carré et P. Caspar (Eds), *Traité des sciences et des techniques de la formation*, 1999.

Doran G. T., « There's a S.M.A.R.T. way to write management's goals and objectives », *Management Review*, vol. 70, n° 11, 1981, p. 35-36.

Knowles, M. S., « The adult learner : The Definitive Classic in Adult Education and Human Resource Development », *Gulf Publishing Co*, 1998.

Rousseau L., Gauthier Y., & Caron J. M., « L'utilité des styles d'apprentissage VAK (visuel, auditif, kinesthésique) en éducation : entre l'hypothèse de recherche et le mythe scientifique », *Revue de psychoéducation*, 47(2), 2018, p. 409-448. https://doi.org/10.7202/1054067ar

« Unlocking Potential : Releasing the potential of the business and its people through learning », *Towards Maturity CIC*, 2016.

Sitographie

Bartle R.A., « Hearts, Clubs, Diamonds, Spades: Players who suit MUDs », (s. d.). https://mud.co.uk/richard/hcds.htm

Boukobza P., « Traduction de la carte d'empathie », *Heuristiquement*, 2017. https://www.heuristiquement.com/2017/07/actualisation-carte-empathie.html

Brand Center Groupe ADP. https://brandcenter.groupeadp.fr/fr/home

Brand Center Groupe La Poste. https://www.lebrandcenter.laposte-groupe.com/

Brand Center TotalEnergies. https://brandcenter.totalenergies.com/fr

« Brand Tone of Voice How to Guide, Exercises, examples », *Map & Fire*, 2022. https://mapandfire.com/field-guide/tone-of-voice/

Famié-Galtier H., « Étude : Le mobile représente 60 % du trafic web », *BDM*, 2022. https://www.blogdumoderateur.com/etude-mobile-trafic-web/

GameStorming. https://gamestorming.com/

Muller R., « H&M : Brand guidelines », *Issuu*, 2018. https://issuu.com/rogermuller4/docs/hm_brandbook_02_03

Jaouali F., « Apprendre à construire des personas », *We love users*, (s. d.). https://www.weloveusers.com/partage/cours/apprendre-personas.html

Moran K., « Tone-of-Voice words », *Nielsen Norman Group*, 2016. https://www.nngroup.com/articles/tone-voice-words/

« Notre signature pédagogique – Newday Training », *Newday Training*, 2022. https://www.newday.training/notre-signature-pedagogique/

« Qu'est-ce que les 7 profils d'apprentissage ? », *Les 7 profils d'apprentissage*, 2020. https://www.7profilsapprentissage.com/7-profils-apprentissage-1/

« Votre parcours de formation et de prise en charge », *Polysud Formation*, 2022. https://polysud-formation.com/parcours-formation/

White B., « Les formats pédagogiques les plus efficaces pour améliorer le taux de complétion d'une formation », *360Learning*, (s. d.). https://360learning.com/fr/blog/format-pedagogique-ameliorer-taux-completion-formation/

Annexes

TEST

Connaissez-vous les bonnes pratiques inspirées du marketing à appliquer à la formation ?

Répondez à ces questions en choisissant la réponse A, B ou C.

1/8 – En amont de la création d'un parcours de formation :

A. Je prends en compte les habitudes que je connais des collaborateurs.

B. Je questionne les collaborateurs pour bien cerner leurs besoins et leurs attentes.

C. Je réfléchis aux contenus dans mon coin, tout le monde apprend de la même manière.

2/8 – Un persona, c'est quoi ?

A. Je sais ce que c'est, mais je ne l'ai pas encore intégré dans ma pratique.

B. Le profil type des apprenants.

C. Késako ?

3/8 – Lors de la conception des formations, j'essaye de :

A. Varier les formats selon mes envies.

B. Appliquer les mêmes recettes à chaque fois.

C. Créer une expérience unique et mémorable.

4/8 – Pendant la formation :

A. Je laisse l'apprenant se débrouiller tout seul.

B. Je réponds aux questions de l'apprenant s'il en pose.

C. Je prévois des actions pour accompagner l'apprenant tout au long du parcours.

5/8 – Je prévois systématiquement un plan de communication :

A. Pourquoi faire ? La communication, c'est juste des paillettes.

B. Au lancement de la formation, avec un teaser vidéo par exemple.

C. Pendant tout le parcours de formation : avant, pendant et après.

6/8 – Pour communiquer sur mon offre de formation :

A. Je définis mes différents publics cibles et je sélectionne les bons canaux de diffusion.

B. J'envoie un mail d'information aux apprenants.

C. Je le fais au feeling.

7/8 – Après chaque formation, j'édite un tableau de bord :

A. Oui, pour avoir une idée du résultat.

B. Non, les chiffres n'intéressent personne.

C. Oui, pour mesurer le résultat des actions et les améliorer.

8/8 – Marketer les formations, c'est :

A. Renforcer la visibilité des formations en interne.

B. Absolument nécessaire pour susciter l'intérêt des apprenants et les engager dans la durée.

C. Un effet de mode qui finira par passer.

Calculez votre score selon vos réponses

	A	B	C
Question 1	2 points	3 points	1 point
Question 2	2 points	3 points	1 point
Question 3	1 point	2 points	3 points
Question 4	1 point	2 points	3 points
Question 5	1 point	2 points	3 points
Question 6	3 points	2 points	1 point
Question 7	2 points	1 point	3 points
Question 8	2 points	3 points	1 point
Votre score :		....	

Interprétez votre score

Plus de 16 points : Bravo, vous êtes un expert !
Vous avez conscience de l'importance du marketing de la formation pour accompagner et suivre les apprenants durant toutes les étapes de leur apprentissage. Poursuivez dans cette voie.
De 9 à 15 points : Vous êtes en bonne voie !
Vous avez quelques notions mais vous ne maîtrisez pas encore l'ensemble des bonnes pratiques. Continuez à vous informer sur le marketing de la formation.
Moins de 8 points : Vous êtes encore novice !
Pour vous, le marketing de la formation n'est qu'une forme de publicité... Mais il n'est jamais trop tard pour changer d'avis.

TEST

Comment communiquez-vous sur vos nouvelles formations ?

Cochez vos pratiques habituelles lorsque vous lancez une nouvelle formation :

- ☐ Envoi d'un e-mail
- ☐ Information transmise via le manager
- ☐ Avec un teaser vidéo
- ☐ Dans une newsletter
- ☐ Avec une annonce sur les réseaux sociaux
- ☐ Avec un message sur l'intranet
- ☐ En s'appuyant sur des ambassadeurs
- ☐ Autre...

Interprétez vos pratiques

Ne communiquez pas uniquement à travers un seul moyen de communication. La diversification des canaux est nécessaire pour maximiser l'impact lors du lancement d'une nouvelle formation. Par exemple, l'utilisation simultanée d'e-mails, d'un teaser vidéo, de posts sur les réseaux sociaux et d'une information transmise via le manager va créer une synergie qui va renforcer la visibilité et l'engagement de votre public. Il s'agit de créer une stratégie de communication complète pour répondre aux besoins variés de votre public cible.

Des livres de formation aux éditions Dunod

Ansart S., Sanséau P.-Y., Lefort P., *La VAE – Un outil de développement des compétences*, 2010.

Ardouin T., *Ingénierie de formation*, 6e éd., 2023.

Azizi S., Bektou-Ben Madhkour S., *Lancer son activité de formation*, 2023

Barabel M. (dir.), *Le grand livre de la formation*, 3e éd., 2020.

Barabel M., *Formation, la nouvelle donne*, 2019.

Belkacem A., Kohnneh-Chahri O., *La Boîte à outils du coach en entreprise*, 2016.

Benraouane S.-A., *Guide pratique du e-Learning*, 2011.

Bernier Ph., *Responsable formation et compétences*, 2e éd., 2011.

Bouchut F., Cauden I., Cuisiniez F., Tronchet J., *La boîte à outils des formateurs*, 4e éd., 2020.

Gobin Mignot, Wolff, Kempf, Barabel M., *Former demain avec la réalité virtuelle*, 2019.

Korda Ph., *Stratégie et formation*, 2011.

Lamailloux B., *Construire et animer une session de formation*, 2e éd., 2018

Le Bihan F., Ambrosini A., Eichenlaub V., de Lardemelle A., Pailleau I., *Organisez vos formations avec le Mind Mapping*, 2012.

Lemoine C., *Se former au bilan de compétences*, 5e éd., 2023

Mongin P., Bertolini M., Levios F., *Former avec le microlearning*, 2018.

Perrin-Van Hille Ch., *Concevoir une formation*, 3e éd., 2019.

Pommier R., *Métier formateur*, 2e éd., 2011.

Poncin M., *Du présentiel au e-learning efficient, 2e éd.*, 2022.

Pottiez J., *L'évaluation de la formation*, 3e éd., 2024.

86062 - (I) - OSB 80° - NOC - MSN

Achevé d'imprimer par
La Nouvelle Imprimerie Laballery
58500 Clamecy (Nièvre)
N° d'impression : 403555
Dépôt légal : mai 2024

Imprimé en France